03. YOLO PROJECT

OSAKA KYOTO

두근두근 오사카&교토

21세기북스

CONTENTS

004 PROLOGUE

006 PERSONAL DATA

007 PURPOSE OF TRAVEL

008 INTRO : All about OSAKA&KYOTO _ 오사카&교토 정복!
- 010 Osaka Map
- 012 Kyoto Map
- 014 All about OSAKA&KYOTO

022 INFO : 오사카&교토, 완전정복! 꼭 알아야 할 BEST 6
- 024 1 _ 입국심사, 겁먹지 말고 당당하게!
- 025 2 _ 공항에서 시내까지!
- 026 3 _ 오사카 지하철 완전정복!
- 027 4 _ 오사카 버스 완전정복!
- 028 5 _ 교토 교통편 완전정복!
- 030 6 _ 면세점 똑똑하게 이용하는 방법

032 TRAVEL PACKING LIST

033 CHECK LIST

042 PART 1 : 도시의 시간을 공유할 수 있는, 오사카&교토 걷기 여행
044　ESSAY _ 오사카&교토의 역사 박물관, 산책로

070 PART 2 : 오감을 사로잡는, 오사카&교토 체험 여행
072　ESSAY _ 특별한 추억을 경험하자!

98 PART 3 : 도시 전체가 맛집인, 오사카&교토 식도락 여행
100　ESSAY _ 먹어도 먹어도 먹거리가 남아있는 곳

126 PART 4 : 백화점부터 슈퍼마켓까지 쉴새 없는, 오사카&교토 쇼핑 여행
128　ESSAY _ 무엇을 원하던 그 이상의 쇼핑 천국

152 PART 5 : 은은한 불빛이 반짝이는, 오사카&교토 야경 여행
154　ESSAY _ 밤의 보석을 직접 만나는 시간

부록
184　호텔 용어
　　　여행자를 위한 영어회화 _ 호텔편
185　오사카&교토의 축제
186　CONTACT LIST
187　COUPON

PROLOGUE

"나도 지금 필사적으로 여러 가지 일을 하고 있어.
어떤 의미에서는 충실하게 살잖아.
나를 위해 무언가를 하는 시간, 아주 오랜만이야."

간사이 지방이 배경인 만화 '아이사와 리쿠'에 나오는 말이다.
주인공에게 해주는 이 말은
간사이 지방과 참 잘 어울린다.

오사카와 교토는 혼자만의 시간을 만끽하기에 제격이다.
필사적으로 여러 가지 일을 하며 충실하게 살아온
나 자신에게 선물하는 목적으로의 여행.
벚꽃이 만개한 봄에는 마음을 따뜻하게 감싸주고,
단풍이 곱게 물든 가을에는 고즈넉한 여유를 전해준다.
그만큼 오사카와 교토는 따뜻함과 여유를 간직한 도시이다.

때로 여행은 오직 나만을 위한 시간이 된다.
특히나 삶에 충실했던 이들에게는
자신만을 위한 시간이 필요하다.
그 시간을 지나야 다시 충실한 일상으로 돌아갈 수 있는
힘을 얻기 때문이다.
그렇게 나만을 위한 시간이 필요할 때
오사카와 교토는 완벽한 여행지가 되어 줄 것이다.

때론 따뜻하고, 때론 여유롭게.

PERSONAL DATA

NAME	MALE ☐ FEMALE ☐
NATIONALITY	
PASSPORT NO.	
E-MAIL	
MOBILE PHONE	
ADDRESS	

PURPOSE OF TRAVEL

여행을 통해 얻고 싶은 목표들을 메모해보세요

All about

INTRO

오사카&교토 정복!

OSAKA KYOTO

OSAKA MAP

06:00 PM
OSAKA
JAPAN

06:00 PM
REPUBLIC OF
KOREA

MY SCHEDULE

DATE   PLACE

텐포잔 대관람차

유니버설 스튜디오 재팬

나니와 쿠이신보 요코초
카이유칸 수족관

사키시마 청사 전망대

산타마리아 유람선

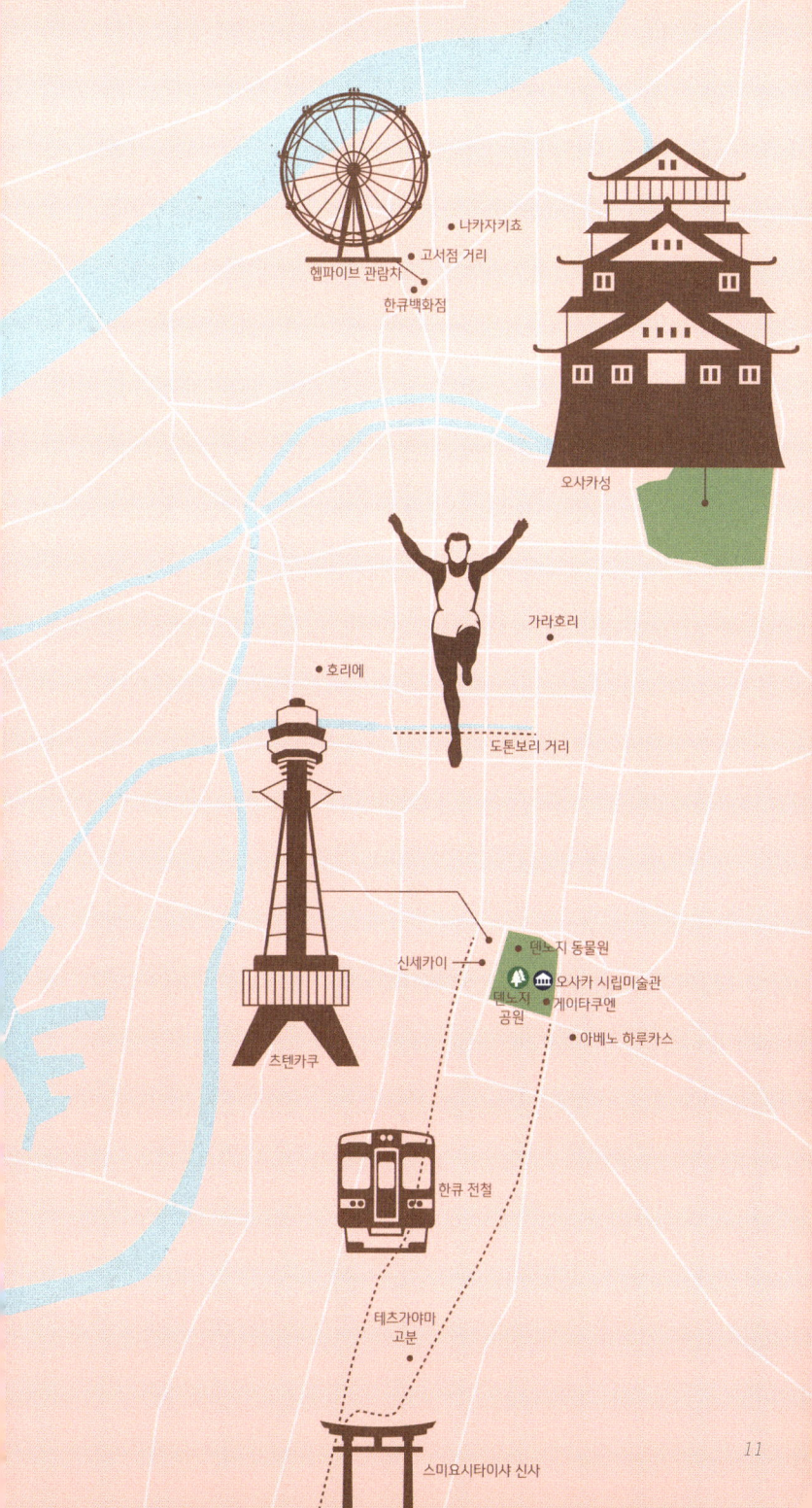

KYOTO MAP

06:00 PM
KYOTO
JAPAN

06:00 PM
REPUBLIC OF
KOREA

MY SCHEDULE

DATE   PLACE

• 킨카

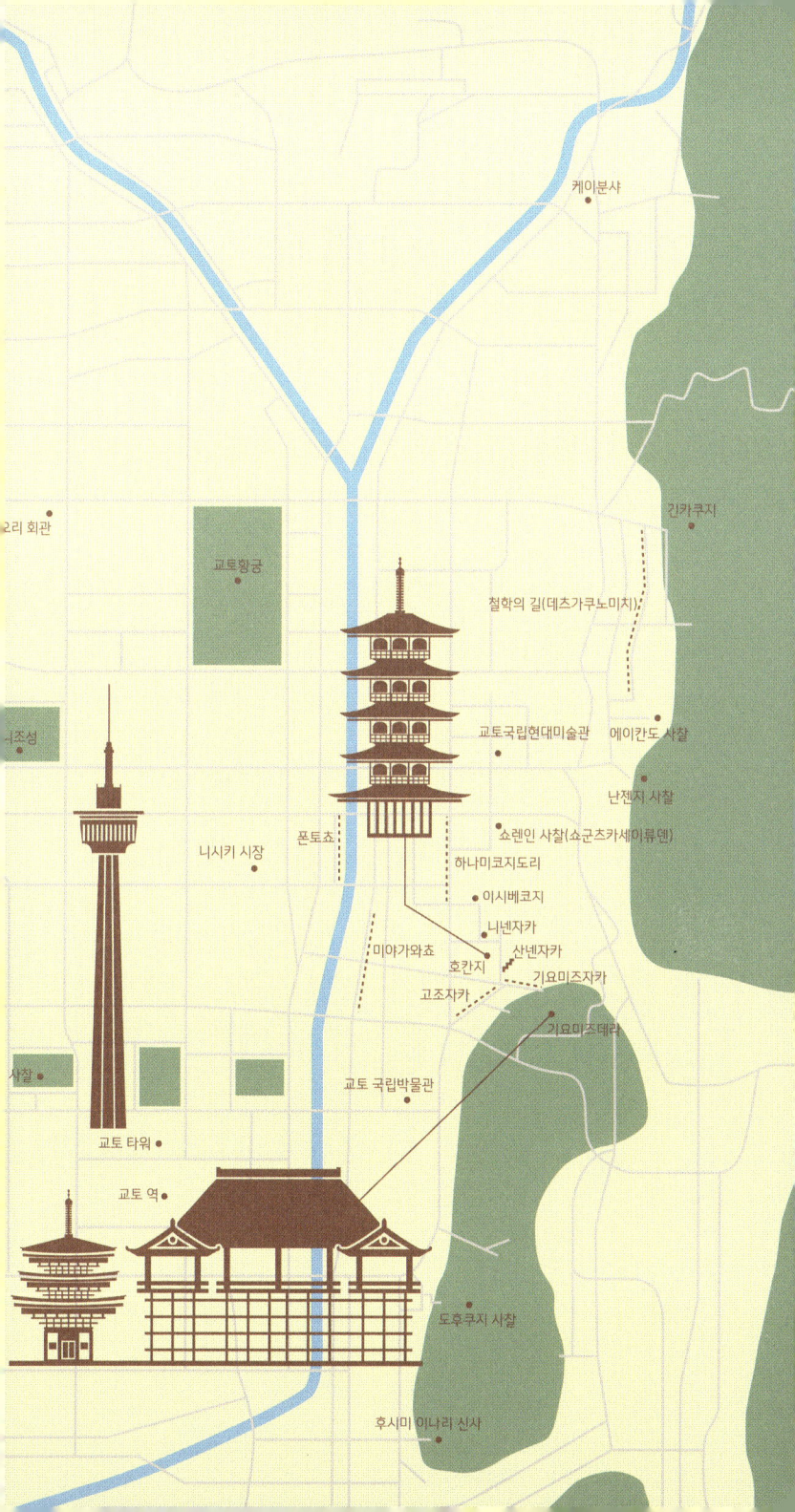

All about
OSAKA & KYOTO

● 헤이조쿄(나라), 헤이안쿄(교토) 등 메이지 유신 이전의 일본 도성이 위치했던 간사이 지방은 일본의 정치, 경제, 문화의 중심지였고 오사카는 그 간사이 지방을 대표하는 도시이다. 더불어 일본 서쪽 지역에서 가장 큰 도시이며, 상업이 발전한 상인들의 도시이기도 하다. 오사카를 설명하는 수식어가 이렇게 다양한 것은 오사카라는 도시가 가진 매력이 다양하다는 의미이기도 하다. 이런 특성을 바탕으로 오사카는 일본을 대표하는 관광지로 완벽하게 자리 잡았다.

오사카의 특징은 한둘이 아닌데 여행객들의 마음을 사로잡는 대표적인 포인트는 맛있는 음식이다. 일본에 '쿠이다오레'라는 말이 있다. '먹다가 망한다'는 의미로, 음식에 대한 오사카 사람들의 생각을 표현하는 말이다. 이뿐 아니라 오사카를 소개할 때 일본의 부엌, 맛의 천국이라는 표현을 쓰기도 한다. 아마도 오사카 여행 기간 내내 한 번씩만 먹어도 다 맛볼 수 없을 정도의 먹거리를 만날 것이다.

오사카가 매력적인 또 다른 이유는 2시간 내 거리에 색다른 매력을 가진 교토, 나라, 고베 등 작은 도시들이 있기 때문이다. 그중에서도 교토는 일본의 과거부터 현재까지의 시간을 고스란히 느낄 수 있는 지역이다. 일본 왕실 역사와 일본만의 문화를 느끼기에 부족함이 없다. 그렇기 때문에 많은 이들이 오사카 여행의 필수 코스로 교토를 더한다.

오사카에서 활기찬 일본을 경험하고, 교토에서 일본이 간직하고 있는 역사의 시간을 느껴보자. 아마 몇 번이나 다시 가고 싶다는 마음을 품게 될 것이다.

1

오사카를 대표하는 오사카 1번지

미나미 오사카 지역

오사카는 크게 남쪽 미나미 지역과 북쪽 키타 지역으로 나뉜다. 그중에서도 오사카 남쪽 미나미 지역은 오사카 여행의 1번지라고 표현하기에 모자람이 없다. 여행객들의 관심사인 먹거리, 볼거리, 살 거리를 모두 충족시켜주는 지역이기 때문이다. 오사카만의 활기찬 분위기를 느낄 수 있는 난바 역 근처와 밤의 오사카를 완전하게 경험할 수 있는 도톤보리도 이곳에 있다. 한마디로 수많은 오사카 사진의 배경지가 바로 미나미 지역인 셈. 다만 워낙 먹거리와 맛집이 많고 봐야 하는 곳들도 많으니 본인의 여행 스타일과 취향에 맞춰 일정을 효율적으로 짜야 한다. 그렇지 않으면 오사카 여행 내내 미나미 지역에만 있어도 시간이 부족하다고 느낄 것이다.

POINT

1
**오사카의 상징,
도톤보리(Dotonbori)**

오사카를 처음 찾는 이들도 도톤보리의 풍경은 한 번쯤 본 경험이 있을 것이다. 두 손을 번쩍 들고 달리는 글리코 맨, 아주 큰 복어나 꽃게가 달린 간판이 익숙하다. 에비스바시에서 도톤보리강을 따라 센니치마에도리까지 이어지는 500m의 거리에는 오사카를 대표하는 수많은 맛집이 여행객을 기다리고 있다. 더불어 도톤보리강을 한 바퀴 돌아보는 유람선을 타는 것도 놓치기 아까운 경험이다. 워낙 많은 사람이 모이기 때문에 약간의 정신 없음을 감수할 수 있는 마음의 여유도 필요하다.

2
**오사카의 스타일리시한 카페거리,
호리에(Horie)**

호리에는 오렌지 스트리트를 기점으로 편집숍과 인테리어 숍, 카페들이 즐비한 거리이다. 이전부터 가구 거리로 유명했던 지역이기도 해 단순한 카페가 아니라 인테리어 숍 안에 있는 카페, 가구 전문점 안에 있는 카페 등 복합 공간 형태를 띤 카페가 많은 것이 특징. 어떤 카페에 들어가서 커피 한 잔을 마셔도 눈과 입은 물론이고 온몸의 감각이 즐거운 경험을 하게 될 것이다.

2

과거부터 현재까지의 오사카를 한눈에

오사카성 & 키타 오사카 지역

오사카라는 도시를 대표하는 것 중 하나가 오사카성이다. 오사카의 역사와 전통을 볼 수 있는 곳이다. 그렇다고 오사카성 지역이 역사만 품고 있다고 생각하면 오산이다. 이곳에는 아날로그 감성을 충족시키면서 최신 트렌드를 담고 있는 가라호리 구역, 첨단 비즈니스파크 등도 자리하고 있다. 또한 오사카성 지역은 오사카 북쪽의 키타 지역과도 맞닿아 있다. 키타 지역은 화려한 오늘날의 오사카를 느끼기에 제격이다. 지하에 거미줄처럼 연결된 쇼핑몰과 상가, 일본 최장의 쇼핑 아케이드를 자랑하는 텐진바시스지 등 쇼핑의 오사카도 만날 수 있다.

POINT

1
골목 여행의 완성, 나카자키쵸&가라호리
(Nakajakichyo&Karahori)

나카자키쵸는 키타 오사카 지역에 위치한 작은 골목길이다. 한적한 일본 주택가 사이사이 숨은 카페들을 만날 수 있다. 특히 해가 지고 어둠이 시작되는 시간에 이곳을 찾는다면 감성 충만한 비밀 장소를 만날 수 있다. 나카자키쵸가 현대의 일본 주택을 품은 골목이라면, 가라호리는 과거 일본의 주택이 그대로 남아있는 골목이다. 오래된 계단, 목조 주택, 옛 모습을 간직한 풍경 등이 있는 가라호리는 소소한 산책을 즐기기에 좋다.

2
**우메다 헵파이브 관람차로
도심 구경하기**

우메다 역과 연결된 쇼핑센터 헵파이브 7층에 위치한 작은 관람차는 공중에서 도심을 구경하기에 좋다. 쇼핑하다가 잠깐 여유를 즐기고 싶을 때도 안성맞춤. 다른 여행지의 관람차만큼 풍광이 뛰어나지는 않지만, 오사카 시내를 한눈에 담을 수 있다. 또한, 비교적 안정감이 있어 높은 곳을 무서워하는 이들도 한 번쯤 도전해 볼 수 있을 정도.

3

활기찬 상인의 도시 오사카를 느끼고 싶다면

덴노지 지역

오사카 사람들의 리얼한 모습을 보고 싶다면 덴노지 지역으로 가야 한다. 아이들의 웃음소리가 있는 덴노지 공원과 샐러리맨들이 지친 하루를 달래며 술잔을 기울이는 신세카이가 이 지역의 대표적인 장소. 오전에 덴노지 공원을 찾아 동물원, 시립미술관, 전통 정원 게이타쿠엔 등을 살펴본 후 오후에는 선술집들이 늘어선 신세카이 거리에서 꼬치구이와 맥주 한 잔을 즐겨보자. 관광지나 쇼핑센터가 아닌, 오사카 사람들의 평범한 하루를 경험할 수 있다.

POINT

1
신세카이 마스코트 빌리켄의 발바닥 쓰다듬기

신세카이 지역을 걷다 보면 어렵지 않게 웃고 있는 꼬마 동상을 만나게 된다. 뾰족한 머리로 환하게 웃고 있는 어린아이가 바로 행복의 신 빌리켄. 1970년 미술가 안도 아라히라가 만든 것으로 발바닥을 만지면 행복이 온다는 이야기가 전해지고 있다. 신세카이 어느 곳에선가 웃고 있는 빌리켄과 마주한다면 발바닥을 쓰다듬어 보자. 행복이 성큼 다가올지 모르니.

2
한카이 전차 타고 오래된 오사카 만나기

1909년에 개통된 한카이 전차는 일본감정기를 배경으로 한 영화나 드라마에서 한 번쯤 봤던 모습이다. 그래서인지 우리나라 서울에도 과거 이런 전차가 다녔을 거라는 생각이 든다. 더불어 오래된 오사카의 실제 모습을 만나기에도 제격이다. 한 구간은 210￥, 1일권은 600￥이다.

신나는 오사카에서 특별한 경험을 원하면

항만 지역

항만 지역은 오사카의 엔터테인먼트를 담당하고 있는 곳이다. 유니버설 스튜디오 재팬을 시작으로 세계 최대 규모의 수족관 카이유칸과 텐포잔 대관람차, 각종 테마파크까지 볼거리와 즐길 거리가 넘쳐난다. 오사카에서 테마가 확실한 여행을 즐기고 싶은 이들이라면 빼놓을 수 없는 여행지이다. 다만 하루를 투자해도 부족할 정도의 규모를 자랑하기 때문에 알맞은 일정 배분이 필수이니 참고하자.

! POINT

1
푸드 테마파크, 나니와 쿠이신보 요코초
(Naniwa Kuishinbo Yokocho)

텐포잔 마켓 플레이스 2층에 위치한 푸드 테마파크. 1960년대 오사카의 모습을 재현한 인테리어와 다양한 콘셉트, 특징을 자랑하는 음식점들이 눈길을 사로잡는다. 마치 음식을 주제로 한 일본 영화 세트장에 들어온 느낌이다. 오코노미야키, 다코야키 등 다양한 일본 간식을 맛보는 재미도 느낄 수 있다.

2
콜럼버스가 된 기분,
산타마리아 유람선

산타마리아 유람선은 신대륙을 발견할 때 콜럼버스가 탔던 배의 이름이다. 오사카에 있는 산타마리아는 오사카항을 45분간 일주하는 관광 유람선으로, 15세기 배와 유사한 외관이 인상적이다. 유람선을 타고 유니버설 스튜디오와 카이유칸의 모습을 보는 것도 색다른 느낌이다. 배에서 야경을 즐길 수 있는 나이트 크루즈는 1시간 30분간 운행되며, 유니버설 스튜디오에서 불꽃놀이를 하는 시기에 이용하면 로맨틱한 분위기를 느낄 수 있다. 가격은 1인 1,600¥(주유패스 소지 시 무료).

5

천년 고도

교토

오사카와 또 다른 매력을 가진 작은 도시 교토는 오사카에서 약 1시간 정도 거리에 있다. 일본의 옛 모습을 고스란히 간직하고 있으며 오사카보다 느긋하고 여유롭다. 또한, 봄에는 벚꽃, 가을에는 단풍이 도시 전체를 물들이는 아름다운 풍경은 말로 설명하기 어려울 정도. 세계문화유산도 여러 곳에 있어 풍경을 사랑하는 여행객이라면 마음을 빼앗기기 충분하다.

POINT

1
게이샤의 거리, 미야카와쵸(Miyagawa-cho)

교토에서 게이샤를 쉽게 만날 수 있는 곳, 미야카와쵸. 관광객들을 위한 편의시설이나 관광지는 없고 외부에서 바라보면 그저 조용한 동네이다. 그러나 실제 게이샤들을 만나보고 싶다면 오후 3-4시 사이 게이샤들의 출근길에 맞춰 이곳을 찾아보자. 색다른 체험을 원한다면 게이샤 체험 숍을 방문해 보는 것도 괜찮다. 교토에서 하나미코지도리, 폰토쵸 역시 게이샤 거리로 유명한데 지역마다 특징이 조금씩 다르니 미리 살펴보고 가볼 곳을 결정하는 게 좋다.

2
기요미즈데라, 킨카쿠지, 긴카쿠지 등 일본 사찰 둘러보기

교토에는 오랜 역사를 자랑하며 많은 이들의 사랑을 받는 사찰들이 몇 곳 있다. 그중에서 교토를 대표하는 사찰 기요미즈데라, 화려함의 최고치를 보여주는 금빛 사찰 킨카쿠지, 평범함 속의 아름다움을 간직한 긴카쿠지는 둘러보면 후회하지 않을 곳들이다. 교토만이 가진 매력을 한껏 느껴보고 싶은 이들이라면 사찰 방문을 권한다.

INFO

오사카&교토, 완전정복!
꼭 알아야 할 BEST 6

Have to know

1 Immigration
입국심사, 겁먹지 말고 당당하게!

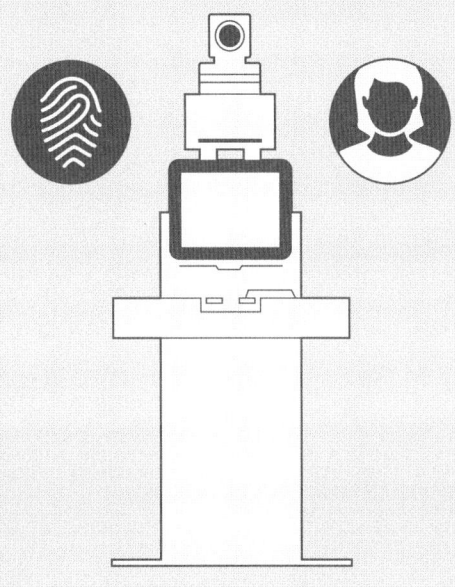

설레는 마음을 가지고 가장 먼저 만나게 되는 곳, 공항. 오사카&교토 여행에서도 예외는 아니다. 일본의 경우 입국심사가 어렵거나 깐깐하지 않다. 지문 확인과 얼굴 촬영을 하고 나면 입국 도장을 쉽게 받을 수 있다. 간혹 세관에서 가방을 열어보라고 하는 경우가 있는데, 당황하지 말고 짐을 확인하도록 협조하면 된다.

피치항공을 이용한 경우가 아니라면 입국장을 통과해 만나는 곳이 제1 여객터미널이다. 그리 넓은 공항이 아니기 때문에 길을 헤매거나 이용에 문제를 겪을 일은 거의 없다. 만약 피치항공을 이용해 제2 여객터미널로 도착한 경우라면, 조금 더 주의해야 한다. 전철을 타고 시내까지 이동하기 위해서는 입국장 앞에서 출발하는 셔틀버스를 이용해 에어로플라자로 가야 한다. 셔틀버스는 무료이며, 10분 정도 시간이 소요된다. 리무진 버스나 택시는 제2 여객터미널에서도 이용할 수 있으니 참고하자.

How to go 2
공항에서 시내까지!

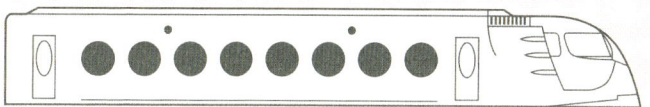

    간사이 공항에서 오사카 시내로 가는 방법은 크게 4가지가 있다. 가장 가성비가 좋은 교통수단은 난카이 전철이고, 가장 편하게 이동할 수 있는 것은 택시이다. 또한 원하는 목적지까지 한 번에 가고 싶다면 JR을, 짐이 많아 이동이 자유롭지 못한 여행자는 리무진 버스를 선택하는 것이 좋다. 개인의 상황이나 성향에 맞춰 4가지 방법 중 하나를 고르면 된다. 간혹 바람이 많이 부는 경우 전철 이용에 제약이 있을 수 있으니 참고하자.

    난카이 전철은 다시 3개의 노선으로 구분할 수 있다. 비교적 단시간에 오사카의 중심 난바 역에 도착하는 것은 공항 급행으로, 45분이 소요된다. 1인 요금은 920￥이며, 오사카의 모든 교통수단을 이용할 수 있는 간사이 스루패스를 가지고 있다면 무료로 탈 수 있다. 이보다 짧은 시간이 소요되는 노선은 라피도 알파와 베타가 있다. 공항에서 난바 역까지 알파는 29분, 베타는 35분 소요되며 지정좌석제이기 때문에 더욱 쾌적하게 이동할 수 있다. 요금은 1,430￥. 간사이 스루패스 소지자도 라피도를 이용할 때는 추가 요금을 내야 한다.

    난바, 덴노지, 우메다 역까지 갈 수 있는 JR 역시 JR 칸쿠쾌속과 JR 특급 하루카로 구분된다. 칸쿠쾌속의 경우 덴노지 역까지 43분, 난바 역까지 53분, 오사카 역까지 1시간 5분 정도 소요되며 요금은 1,060￥(덴노지, 난바), 1,190￥(오사카)이다. 하루카는 덴노지 역까지 33분, 신 오사카 역까지 49분이 소요되며 요금은 자유석 기준으로 각 1,710￥과 2,330￥이다. 난카이 전철보다 다양한 지역으로 이동할 수 있다는 장점이 있지만, 시간이 더 오래 걸리고 요금이 비싸다는 단점이 있다.

    육로로 이동하는 방법은 리무진 버스와 택시가 있다. 리무진 버스의 경우 공항 바로 앞에서 타고 목적지까지 편안하게 이동할 수 있다. 반면 도로 사정에 따라 이동 시간에 변수가 생기기 때문에 시간적 여유가 충분할 때 이용하기를 권한다. 택시는 가장 편리하다는 장점이 있으나 요금이 워낙 비싸 꼭 필요한 경우가 아니라면 피하는 것이 좋다. 공항에서 오사카 시내까지 택시로 이동할 경우 약 1만 7,000￥(대략 한화 17만 원) 정도의 요금이 발생한다.

3 Subway
오사카 지하철 완전정복!

일본은 지하철이 굉장히 발달해 있다. 오사카 역시 다르지 않다. 촘촘하게 이어진 지하철을 이용하면 원하는 곳 어디라도 쉽고 빠르게 갈 수 있다. 현재 오사카에는 9개 노선이 운행 중이며 여행객들이 주로 이용하는 노선은 미도스지센, 요츠바시센, 츄오센, 센니치마에센 등이다.

오사카의 지하철은 거리에 비례해 요금이 달라지는 체계이다. 세 정거장 이내 180¥을 기본으로 정거장 수가 늘어나면 40-60¥씩 요금이 증가한다. 티켓 구매 시 목적지를 선택하면 자동으로 요금을 알려주니 따로 계산하거나 확인하지 않아도 된다.

여행객들이 유용하게 사용할 수 있는 다양한 교통 카드들도 있는데, 이를 활용하면 교통 요금을 할인받아 비용을 절약할 수 있다. 지하철과 시내버스를 무제한으로 이용할 수 있는 1일권 엔조이 에코 카드는 평일권 800¥, 주말 및 공휴일권 600¥에 구매할 수 있다. 지하철과 시내버스를 무제한으로 이용하고 오사카 시내 28곳의 관광지를 무료로 입장할 수 있는 오사카 주유 패스도 여행객에게 유용하다. 1일권, 2일권이 각 2,300¥과 3,000¥이며 한국에서도 살 수 있으니 참고하자. 주의할 점은 2일권의 경우 연속해서 2일간만 사용할 수 있다는 것. 또한, 입장료를 내야 하는 관광지 중심의 여행이 아니라면 큰 효용성이 없으니 일정을 먼저 정한 후 구매를 결정하는 것이 좋다.

간사이 지역을 두루 여행할 계획이라면 간사이 스루패스를 활용하자. 오사카 시내 교통편뿐 아니라 간사이 지역 내 모든 교통편을 이용할 수 있으며, 관광지 입장료 할인도 받을 수 있다. 처음 교통편을 이용한 후 당일 오후 11시 59분까지만 유효하며, 연속 비연속 모두 사용할 수 있는 것이 특징이다. 요금은 2일권 4,000¥, 3일권 5,200¥. 오사카에서 장기간 체류하거나 긴 여행을 계획했다면 선불 교통 카드처럼 충전된 금액만큼 교통편을 이용할 수 있는 회수 카드를 구매하는 것이 좋다. 3,000¥ 카드를 사면 3,300¥만큼 사용할 수 있다. 판매하는 상점을 찾기가 쉽지 않지만, 할인 티켓 전문점에서 살 경우 300¥ 정도 저렴하게 구매할 수 있다.

이밖에 JR은 오사카 내 특정 구간을 운행하는 4개 노선으로 구분된다. JR은 두 정거장 이내일 경우 120¥에 이용할 수 있으며 거리에 비례해 요금이 달라진다. 도심 순환선 오사카칸죠센, 오사카-신 오사카 역을 운행하는 교토센, 토자이센, 유니버설 스튜디오를 연결하는 사쿠라지마센이 JR 노선이다.

Bus
오사카 버스 완전정복!

4

오사카는 지하철만큼 버스 노선도 다양하다. 시내 곳곳을 연결하고 있으며 지하철이나 전철을 타고 갈 수 없는 지역도 버스를 이용하면 이동할 수 있다. 또한, 버스를 타면 오사카의 여러 풍경을 만날 수 있다는 장점도 있다. 요금도 시내에서는 어떤 구간이나 210¥이기 때문에 가고자 하는 곳과 버스 노선을 확실히 알고 있다면 보다 저렴한 금액으로 이동할 수 있는 교통편이다.

반대로 오사카 지리를 전혀 모르거나 일본어에 능숙하지 않은 여행자는 버스를 잘못 타거나 내리는 정거장을 잘못 찾는 경우가 생길 수 있으니 주의하자. 안내문은 주로 일본어로만 표기되어 있으며, 간혹 영어로 안내 방송이 나올 때도 있다. 하지만 처음 버스를 이용하는 관광객이 익숙하지 않은 영어 방송을 듣기란 쉬운 일이 아니다. 거리 상황이 좋지 않으면 버스에서 오랜 시간을 보내야 하므로 시간이 아까운 여행객들은 버스보다 지하철을 선택하는 것이 좋다.

지하철을 소개하며 설명했던 엔조이 에코 카드, 간사이 스루패스, 오사카 주유 패스를 소지하고 있으면 해당 기간 시내버스도 무제한으로 이용할 수 있다. 우리나라와 달리 요금은 내릴 때 운전석 옆에 있는 요금함에 넣거나 카드를 투입한다. 또한, 현금으로 요금을 낼 경우 잔돈을 따로 주지 않으니 미리 준비하거나 버스 내부에 비치된 동전 교환기를 통해 바꿔 놓아야 한다.

Kyoto
교토 교통편 완전정복!

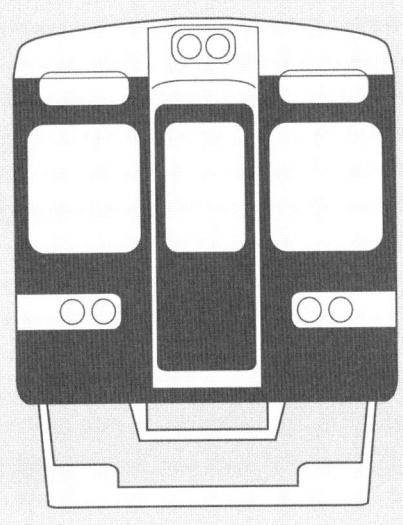

한큐 전철을 이용하면 오사카에서 교토까지 저렴한 요금으로 빠르게 도착할 수 있다.

제일 빠르게 도착할 수 있는 것은 JR 신칸센. 빨리 도착할수록 요금이 비싸진다.

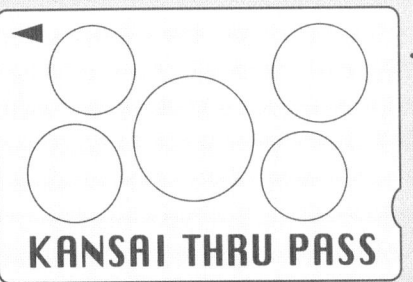

간사이 스루패스 소지자는 교토의 케이후쿠 전철과 에이잔 전철을 모두 이용할 수 있다.

Q1 오사카에서 교토 가기

자동차를 이용해 오사카에서 교토까지 가면 대략 40분에서 1시간 정도의 시간이 소요된다. 그러나 여행객들의 경우 대부분 대중교통을 이용하기 때문에 넉넉하게 1시간 정도 걸린다고 생각하면 된다. 오사카에서 교토를 가는 방법은 3가지이다. 저렴한 요금으로 빠르게 도착할 수 있는 교통편은 한큐 전철이다. 특급 43분, 통근 특급 45분, 쾌속 급행 50분, 쾌속 52분, 보통 60분의 시간이 소요되며 요금은 모두 400¥. 따라서 시간을 잘 맞춰 특급이나 통근 특급을 이용하는 것이 좋다. 간사이 스루패스를 사용하면 한큐 전철을 무료로 이용할 수 있으며, 한큐 패스를 구매하는 방법도 있다. 단 한큐 전철을 이용할 경우 아라시야마, 가와라마치로만 갈 수 있고 그 외의 교토 지역은 운행하지 않는다.

한큐 전철보다 시간은 조금 더 걸리지만, 교토의 핵심 관광지들을 다양하게 연결하고 있는 노선은 케이한 전철이다. 다만 케이한 전철의 경우 보통을 이용하면 모든 역에 정차해 1시간 30분 이상 소요되니 쾌속 특급 또는 특급을 이용하는 것이 좋다. 금액은 모두 동일하게 410¥. 한큐 전철이나 케이한 전철보다 빠르게 교토로 가는 방법은 JR 신칸센을 이용하는 것이다. 신칸센 외에도 JR 노선을 이용하면 교토에 빠르게 도착할 수 있다. 다만 요금은 560¥부터 3,220¥까지 다양하며, 일찍 도착할수록 요금이 비싸진다.

Q2 교토 시내 교통편

교토 시내에서 가장 유용한 교통편은 버스이다. 주요 관광지 간의 연결도 잘 되어 있고, 다양한 노선이 있기 때문에 가고 싶은 곳은 어디든 버스를 이용해 갈 수 있다. 요금은 모든 구간 230¥이며, 하루에 3회 이상 버스를 탈 경우에는 1일권을 구매하는 것이 효율적이다. 교토에는 버스만 무제한 이용할 수 있는 버스 전용 1일권(500¥)과 버스, 지하철을 무제한 이용할 수 있는 교토 관광 1일 승차권(1,200¥)이 있으니 참고하자.

교토에는 2개 노선의 지하철이 운행된다. 동서를 가로지르는 토자이센과 남북을 가로지르는 카라스마센이 그것. 그러나 주요 관광지와 거리가 있어 여행객들이 잘 선택하지 않는 편이다. 이외에도 교토의 북서부 지역을 여행할 계획이라면 케이후쿠 전철과 에이잔 전철을 이용할 수 있다. 두 전철 모두 간사이 스루패스 소지자는 무료이다.

Duty Free Shop
면세점 똑똑하게 이용하는 방법

정가의 30-50% 저렴한 가격으로 제품을 구입할 수 있는 면세점 쇼핑은 해외여행을 계획하면서 가질 수 있는 또 하나의 즐거움이다. 특히 공항에서뿐만 아니라 여행 계획이 완료되면 '시내면세점'과 '인터넷 면세점'도 이용할 수 있다. 면세점 쇼핑도 여러 선택지가 있으니 꼼꼼하게 알아보고 똑똑하게 이용하자.

항공권 예매가 확정되면 출국 60일 전부터 면세점을 이용할 수 있다.

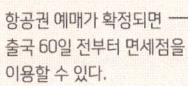

쿠폰이나 멤버십 혜택 등이 면세점마다 다르니 이용하기 전 미리 확인해보면 좋다.

시내 또는 인터넷 면세점에서 구매한 제품은 출국 시 면세품 인도장에서 수령이 가능하다. 여권과 항공권, 제품 교환권 등을 제시해야 하니 잊지 말고 챙기도록 하자.

Q1 시내면세점, 인터넷 면세점, 공항 면세점, 기내 면세점 등 다양한 종류의 면세점, 어떻게 이용하면 될까?

여행 계획을 세운 후 출국까지 시간적인 여유가 있다면 시내면세점과 인터넷 면세점을 이용하는 것이 유리하다. 멤버십 할인, 쿠폰, 적립금 등 여러 혜택을 활용하면 조금 더 저렴한 가격에 제품을 구입할 수 있다. 단 비행기 시간, 여행 목적지에 따라 구매 제한이 있을 수 있으니 미리 체크해보자. 시내면세점의 경우 운영 시간을 확인하고 방문해야 한다. 시내에서 가장 늦은 시간에 면세점 쇼핑을 할 수 있는 곳은 밤 11시까지 운영하는 동대문 두타면세점이니 참고하자.

* 두타면세점 본점 : 서울특별시 중구 장충단로 275 두산타워 1F, 7F~13F
* 두타인터넷면세점 : www.dootadutyfree.com

Q2 면세점 쇼핑을 할 때 알아두어야 할 것은 무엇인가?

우선 여권과 항공권 또는 e 티켓은 필수이다. 항공권 예매가 확정되면 출국일로부터 60일 전부터 면세점을 이용할 수 있다. 내국인의 경우 면세품 구매 한도는 3,000$(국산품은 제외)이며, 입국 시 면세 한도는 내외국인 모두 국산품과 수입품을 포함해 600$이다. 따라서 입국 시 구매한 면세품의 가격이 600$가 넘을 경우, 자진 세관 신고를 하고 세금 납부를 해야 한다. 제품별로 적용 세율이 다를 수 있으니 구매할 때 미리 체크하자.

인터넷 면세점을 이용하는 경우에는 여권과 항공권 외에 본인 인증이 가능한 핸드폰 번호가 필요하다. 또한 인터넷 면세점에 없는 브랜드나 제품도 '스페셜 오더'로 문의하면 상품 유무 확인 후 주문 가능 여부를 알려준다. 사고 싶은 물건이 명확한 경우 온라인을 활용하면 좀 더 편리하게 원하는 쇼핑을 할 수 있다.

Q3 면세점을 똑똑하게 이용하는 방법은?

대부분의 면세점에서는 멤버십 제도와 다양한 할인 쿠폰 프로모션을 진행하고 있다. 회원 가입을 하면 회원 전용 기본 할인 혜택을 받을 수 있으며, 구매 금액과 가입 기간을 기준으로 쿠폰, 적립금 혜택이 다르게 제공된다. 특히 인터넷 면세점에서는 기본 멤버십과 별도로 구매 등급 제도가 있어 보다 더욱 실속 있는 면세 쇼핑을 즐길 수 있다. 두타면세점의 경우 회원 등급별로 최대 20%까지 기본 할인 혜택을 제공한다. 각 면세점 별로 운영하는 이벤트에도 주목하자. 해외여행 전 부지런한 면세점 쇼핑 정보 탐색은 필수!

Q4 구매한 제품은 어떻게 받으면 될까?

시내면세점, 인터넷 면세점을 이용해 구매한 제품은 출국 당일 공항 인도장에서 찾을 수 있다. 면세품 수령은 반드시 출국하면서 해야 한다는 점을 잊지 말자. 해외에서 한국으로 돌아올 때는 면세품 수령이 불가하다. 면세품 인도장에서는 본인이 구매한 제품만 수령이 가능하다. 제품 수령 시에는 여권과 항공권, 제품 구매 시 받았던 교환권을 제시해야 하며, 인도장에서 상품을 확인하고 문제가 있으면 바로 직원에게 문의해야 한다. 이후 환불이나 교환이 어려울 수 있으니 물건을 받으면서 바로 확인하는 것이 좋다.

TRAVEL PACKING LIST
여행 준비물 목록

ESSENTIAL 기본 물품	CLOTHES 의류	ACCESSORIES 액세서리

TOILETRIES & COSMETICS 세면도구&화장품	ELECTRONICS & GADGETS 전자제품&장비	OTHER 그 외

CHECK LIST

장소, 음식, 쇼핑 등 여행 중 경험하고 싶은 나만의 목록을 만들어 사용해보세요

	CHECK		CHECK

"당신을 처음 본 순간부터
제 발길은 항상 당신을 향하고 있었어요."

- 영화 <게이샤의 추억> 중

	MONTH	1	2	3	4	5	6	7	8	9	10	11	12
DATE														
PLACE														

	S	M	T

	MONTH	1	2	3	4	5	6	7	8	9	10	11	12
DATE													
PLACE													

	S	M	T

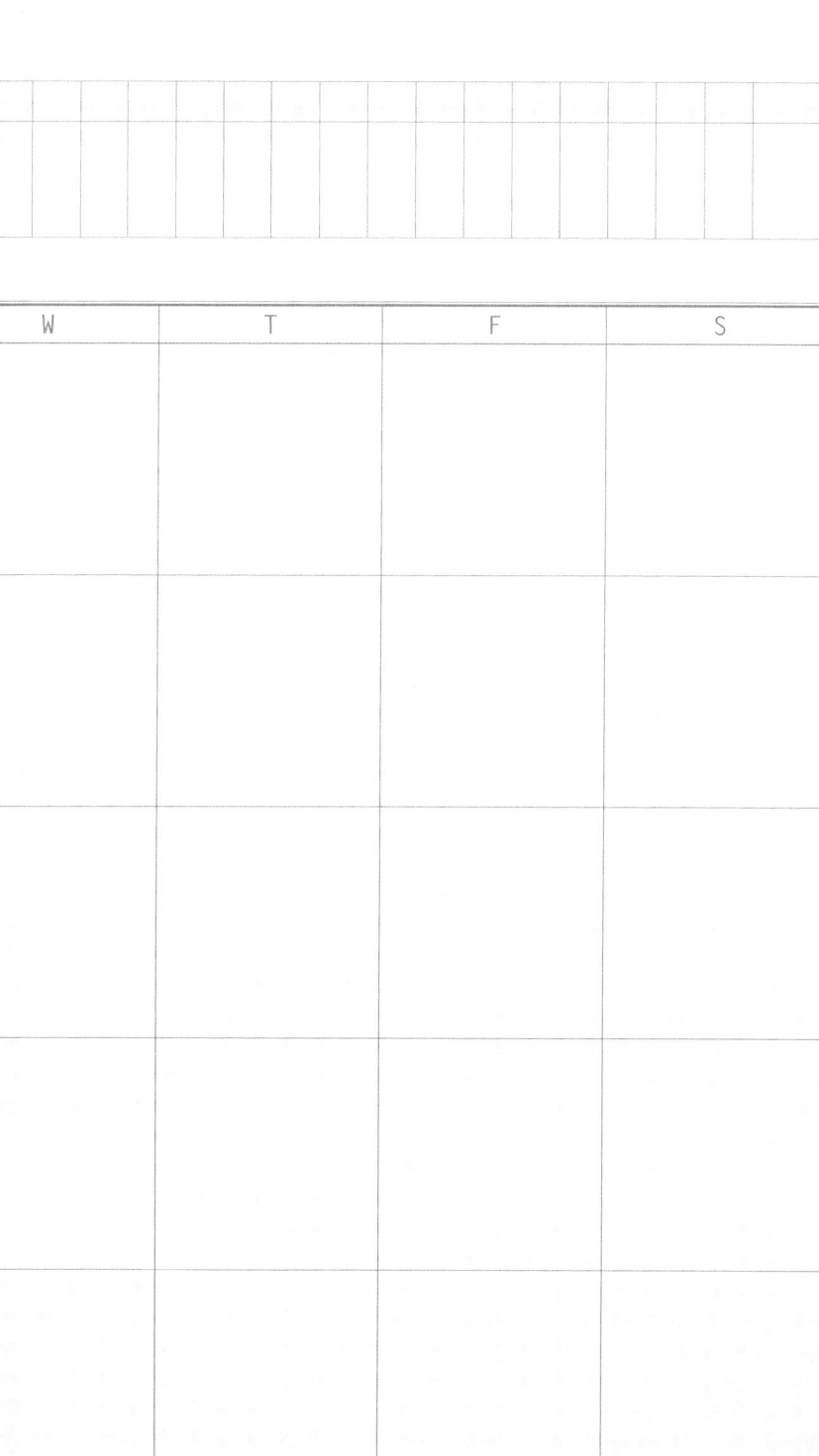

"첫눈에 반한다는 말 믿으세요?"

- 영화 <첫눈> 중 나나에 대사

PART
1

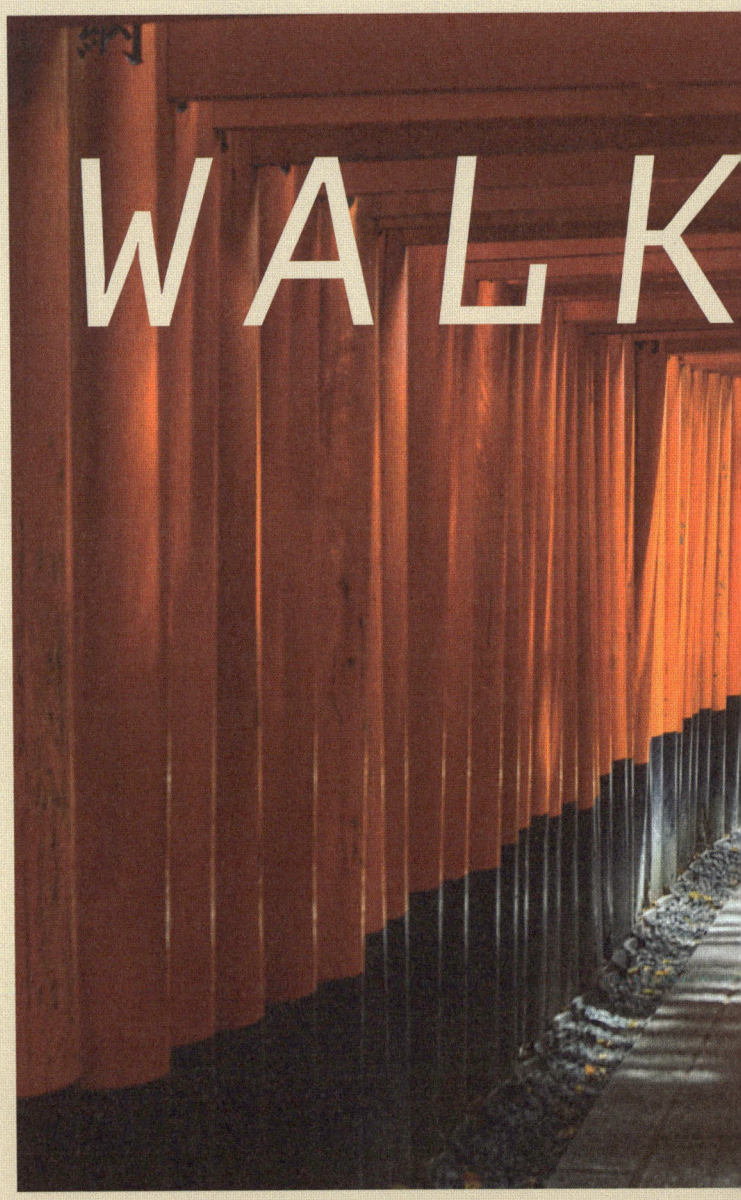

WALK

도시의 시간을 공유할 수 있는,
오사카&교토　걷기　여행

ING

PART 1 / ESSAY

오사카&교토의
역사 박물관,
산책로

Walking

● 도시의 길에는 여러 의미가 함축적으로 담겨있다. 그 도시가 지나온 시간의 흔적이 남아있는 공간이며, 도시에서 살아가던 사람들의 생각을 유추해 볼 수 있는 유적이기도 하다. 그렇기에 길을 걷는 것은 역사를 경험하고 느끼는 색다른 방법이 될 수 있다. 과거의 이야기뿐 아니라 도시에서 지금 현재를 살아가고 있는 이들의 이야기를 들을 수 있는 곳 또한 길이다. 따라서 걷기 여행은 단순한 산책이 아니라 과거에서 현재로 이어지는 도시의 시간을 여행하는 방법이다. 더불어 그 안에 담긴 예술과 문화를 감상하는 일이기도 하다.

오사카와 교토의 길도 예외가 아니다. 도요토미 히데요시가 세웠던 성을 복원한 오사카성 주변을 둘러싸고 있는 길에는 여유가 숨어있다. 특히 봄에 이곳을 걸어보면 아름다운 일본의 정원을 온전하게 느낄 수 있다. 오사카 사람들이 휴식을 취하는 덴노지 공원의 길들도 현재의 오사카를 느끼기에 제격이다. 과거 일본의 수도였던 교토에는 곳곳에 숨은 작은 공원들과 천 년의 역사가 담긴 길들이 여럿 남아있다. 사찰을 향해

올라가는 길이 그렇고, 골목골목 교토만의 정취를 느낄 수 있는 기요미즈데라 지역의 길들이 그렇다. 산넨자카의 돌계단 길과 다이쇼 시대의 집들이 그대로 남아있는 니넨자카도 교토의 시간을 느끼기 좋은 곳이다.

   오사카와 교토의 길들은 특히 천천히 걸으며 정취를 느껴보기에 안성맞춤이다. 사람이 많고 유명한 길들도 있지만 시끄럽거나 소란스럽지 않다. 더불어 조심스럽게 이어져 온 과거의 모습과 현재의 모습이 알맞게 조화를 이루고 있다. 아름다운 풍경과 각종 꽃나무는 덤. 그러니 오사카와 교토를 찾는다면 여유를 가지고 느긋하게 길을 걸어보자. 보지 못하고 지나칠 수 있었던 도시의 숨겨진 모습과 만나게 될 것이다.

¹ **오사카성 공원길**
(Osaka Castle)

² **고서점 거리**
(Hankyu Secondhand book Town)

주소 540-0002 1-1, Osakajo, Chuo-ku, Osaka City
전화 06-6941-3044
이용시간 09:00-17:00
(휴일: 1월 1일, 12월 31일)
요금 무료 / 텐슈카쿠 600¥
홈페이지 www.osakacastle.net

주소 1 Chome-6 Shibata, Kita-ku, Osaka-shi, Osaka-fu 530-0012
가는 길 우메다 역 2번 출구로 나와 오른쪽으로 걷다 고서점가라는 표지판을 찾자
이용시간 11:00-20:00

오사카성은 일본의 3대 성 중 하나이자 오사카를 대표하는 장소이다. 더불어 오사카 시내에서 최대 규모의 매화나무를 만날 수 있는 곳이기도 하다. 성을 중심으로 주변을 둘러싸고 있는 공원은 매화나무가 한창 꽃을 피우는 2월 중순에서 3월 중순까지 특히 아름답다. 4월에는 벚꽃이 반겨주니 봄에 오사카를 여행하는 사람은 반드시 오사카성 공원길을 걸어보자. 꽃비가 내리는 길에서 한껏 여유로울 수 있을 것이다.

우메다 역 기노쿠니야 대형서점 옆 골목에 자리한 고서점 거리는 최근 새롭게 리노베이션 하면서 현대적인 모습을 갖췄다. 덕분에 오래됐다는 의미의 '고'는 서점을 수식하는 것이 아니라 고서 즉, 책을 수식하는 말이라고 해야 맞을 것 같다. 허름한 고서점의 모습과는 거리가 있다. 그러나 실망은 금물. 세련된 서점 안으로 들어가면 언제인지 가늠되지 않는 진귀한 고서들을 좀 더 편하게 볼 수 있다.

³ 테츠가쿠노미치(철학의 길)
(Tetsugaku-no-michi)

주소 Tetsugaku-no-michi, Sakyo-ku, Kyoto-shi, Kyoto-fu

철학의 길은 교토 긴카쿠지에서 에이칸도 사찰까지 좁은 물길을 따라 이어지는 산책로이다. 평소에는 그저 긴카쿠지로 올라가는 평범한 길이지만, 벚꽃이 활짝 피는 봄이나 단풍으로 물드는 가을에 이 길의 진짜 매력을 느낄 수 있다. 철학자 니시다 기타로가 산책을 즐겼다고 해 철학의 길이라는 이름이 붙여졌으며, 많은 예술가가 사랑한 길이기도 하다. 이곳에서는 고요하지만 아름다운 교토의 향취를 느낄 수 있다. 소문난 맛집과 소품 숍, 카페 등 눈길을 사로잡는 공간들도 곳곳에 숨어있으니, 그 공간들을 찾으며 느긋하게 걷길 제격이다.

⁴ 하나미코지도리
(Hanamikoji Dori)

주소 Hanamikoji Dori, Higashiyama Ward, Kyoto, Kyoto Prefecture 605-0933
가는 길 기온 버스 정류장에서 내려 조금만 걸으면 된다

교토에서 게이샤를 만날 수 있는 거리인 동시에 전통가옥 보전 지구로 지정되어 관리를 받는 거리, 하나미코지도리. 이곳에서는 18세기 교토의 모습을 만날 수 있다. 단순한 관광용 건물이 아니라 지금도 카페, 요정, 레스토랑 등으로 운영되기 때문에 건물 안의 모습까지 볼 수 있다. 교토 최초의 선종 사찰 켄닌지, 세계문화유산으로 지정된 일본의 전통 인형극 분라쿠를 보고 즐길 수도 있다. 게이샤부터 분라쿠까지 일본의 다양한 문화를 경험하고 싶다면 이 길을 걸어보자.

5 기요미즈데라 가는 길
(Kiyomizu-dera)

주소 294 Kiyomizu 1-chome, Higashiyama Ward, Kyoto, Kyoto Prefecture 605-0862
가는 길 기요미즈미치 정류장에서 기요미즈데라 방면으로 직진

긴 역사를 자랑하는 교토는 어느 길을 걸어도 일본의 과거와 만날 수 있지만, 특히 기요미즈데라로 가는 길은 골목마다 각기 다른 특색을 느낄 수 있어 자연스럽게 여행자의 발길을 붙잡는다. 가장 메인 길은 정류장에서 직진하면 만나는 언덕길 기요미즈자카, 각종 기념품과 거리 음식을 파는 상점이 있으며, 기요미즈데라에 가기 위해 반드시 지나야 하기 때문에 사람도 많다. 이 길에서 북쪽으로 난 46개의 돌계단을 품은 길이 산넨자카이다. 여기서 이어진 200m 정도의 낮은 돌계단 길이 니넨자카로, 다이쇼 시대의 집과 거리가 남아있어 아름다운 풍경을 자랑한다.

기요미즈데라로 오르는 가파른 언덕길 고조자카에서는 기요미즈데라의 삼중탑이 보인다. 그 길 사이사이 숨어있는 골목길 역시 교토의 색다른 매력을 느끼기 충분하다. 납작한 돌이 바닥에 촘촘하게 깔린 이시베코지도 놓치면 아쉬운 길! 3월 중순에는 이시베코지 길을 따라 수백 개의 전등이 걸리는 하나토로 축제가 열린다. 돌바닥과 돌담, 반짝이는 등불과 일본 특유의 목조 가옥이 어우러져 과거의 교토로 향하는 기분을 느끼게 해준다.

DATE _____

Today's Plan

Expenses Record		card ■ cash ☐
	☐	☐
	☐	☐
	☐	☐
	☐	☐
	☐	☐
	☐	☐
	☐	☐

DATE _____

Today's Plan

Expenses Record		card ■ cash ☐
	☐	☐
	☐	☐
	☐	☐
	☐	☐
	☐	☐
	☐	☐
	☐	☐

DATE _____

Today's Plan

Expenses Record		card ■ cash ☐
	☐	☐
	☐	☐
	☐	☐
	☐	☐
	☐	☐
	☐	☐
	☐	☐

DATE ───────────

Today's Plan

Expenses Record		card ■ cash ☐
	☐	☐
	☐	☐
	☐	☐
	☐	☐
	☐	☐
	☐	☐
	☐	☐

DATE _____

Today's Plan

Expenses Record		card ■ cash ☐
	☐	☐
	☐	☐
	☐	☐
	☐	☐
	☐	☐
	☐	☐
	☐	☐

DATE _____

Today's Plan

Expenses Record		card ■ cash ☐
	☐	☐
	☐	☐
	☐	☐
	☐	☐
	☐	☐
	☐	☐
	☐	☐

DATE _____

Today's Plan

Expenses Record		card ■ cash ☐
	☐	☐
	☐	☐
	☐	☐
	☐	☐
	☐	☐
	☐	☐
	☐	☐

"손가락으로 걸었던 약속은
말로 하는 것보다 무척 힘이 센가 보다."

- 영화 <첫눈> 중 김민 대사

PART

2

SPE-
CIAL

오감을 사로잡는,
오사카 & 교토
체험여행

OSAKA KYOTO

특별한 추억을
경험하자!

SPECIAL

● 오사카와 교토에는 오감을 만족시키며 직접 경험할 수 있는 여행지들이 다양하다. 우선 유니버설 스튜디오를 놓칠 수 없다. 지난 2001년 오사카에 새롭게 문을 연 유니버설 스튜디오는 원조인 미국보다 더 큰 규모를 자랑한다. 테마파크 하나의 넓이가 여의도의 1/5이라니. 21세기 할리우드 영화를 테마로 하는 것도 특징이며 지난 2014년 '위저딩 월드 오브 해리 포터'를 새롭게 만들며 더욱 주목을 받고 있다. 하루 만에 유니버설 스튜디오를 모두 보겠다는 것은 욕심이다. 2박 3일은 투자해야 한다. 따라서 꼭 보고 싶은 구역 또는 어트랙션을 미리 계획하고, 그에 맞는 이용권을 구매하는 것이 도움이 된다. 이용권 종류에 따라 기다리는 시간이 줄거나 원하는 어트랙션을 저렴한 비용으로 이용할 수 있으니 미리 알아보자.

　오사카와 교토는 식도락 여행지로도 워낙 유명하다. 그렇기 때문에 각종 음식을 직접 만들어 보거나 만드는 과정을 볼 수 있는 장소들도 많다. 그중에서도 인스턴트 라면 만들기나 일본을 대표하는 맥주 브랜드의 맥주 만들기 체험은 여행자의 마음을 사로잡을 만하다. 특히 직접 나만의 라면을 만드는 체험은 세계 최초로 인스턴트 라면을 개발한 뮤지엄에서 경험하는 것이기 때문에 좀 더 특별하게 느낄 수 있다. 이곳에서는 인스턴트 라면의 역사나 발명 당시의 자료도 볼 수 있다. 맥주 공장 체험도 흥미롭다. 아사히 맥주 공장은 오사카에, 산토리 맥주 공장은 교토에 있다. 두 곳 모두 맥주를 직접 시음해 볼 수 있는 견학 프로그램을 운영하고 있으니, 본인의 맥주 취향에 맞춰 일정에 추가해 보는 것도 특별한 여행을 만드는 방법이다.

일본의 전통적인 화과자 만들기나 전통 의복인 기모노 입기 등의 체험도 오사카와 교토를 여행하면서 한 번쯤 경험해보며 추억을 쌓을 수 있는 것들이다. 여행에서 최대한 많은 것을 보고, 느끼기 위해서는 내가 직접 여행의 주체가 되어야 한다. '유명 관광지니까 가봐야지'라는 마음으로 찾은 곳은 의외로 오래 기억에 남지 않는다. 반면 내가 좋아하는 것, 내가 즐거웠던 경험은 오래도록 여행의 좋은 기억으로 남게 된다. 오사카와 교토를 여행할 때도 그 공식을 잊지 말자. 내가 좋아하는 여행을 직접 계획하고 그 속에 오감으로 느낄 수 있는 체험을 추가한다면, 결코 잊을 수 없는 나만의 여행을 완성할 수 있을 것이다.

| 안도 모모후쿠 인스턴트 라면 뮤지엄(Momofuku Ando Instant Ramen Museum)

주소 8-25 Masumi-cho, Ikeda-shi, Osaka 563-0041
전화 072-752-3484 이용시간 09:30-16:00
휴일 1월 1일, 12월 31일, 화요일(공휴일일 경우 다음날 휴관)
요금 무료 / 마이 누들컵 팩토리 체험 300¥(예약불가, 선착순 마감)
　　 / 치킨 라면 팩토리 체험 500¥(예약 필수)
홈페이지 www.instantramen-museum.jp

국내 TV 프로그램에 나오면서 유명해진 인스턴트 라면 뮤지엄. 닛신식품 창업주인 안도 모모후쿠가 1958년 최초로 발명한 인스턴트 라면의 발명 과정, 역사 등을 관람하고 직접 나만의 라면을 만들어 보는 체험도 할 수 있는 곳이다. 전 세계 컵라면이 있는 전시관이 특히 눈길을 사로잡는다. 1971년 처음 만들어진 이후 여전히 세계인의 사랑을 받는 컵라면. 이곳에서는 컵라면이 단순히 인스턴트 식품이 아니라 역사와 의미를 간직하고 있는 또 다른 음식이라고 느끼게 될 것이다. 더불어 나만의 컵라면을 만들어 바로 맛을 즐기는 체험도 이곳에서만 할 수 있는 특별한 추억이다. 다만 선착순이기 때문에 되도록 일찍 찾는 것이 도움이 된다.

² 오사카 유니버설 스튜디오
(Osaka Universal Studio)

이용시간 08:30 - 21:00
(개장시간과 폐장시간은 매일 조금씩 변동이 있으니, 방문 전 반드시 홈페이지에서 확인해야 한다. 또한 어트랙션 별로 휴무 일정이 다르니, 이도 사전 확인이 필요하다)
요금 스튜디오 패스 1일권 7,600¥, 2일권 12,800¥
홈페이지 www.usj.co.jp/kr

³ 아사히 맥주 스이타 공장
(Asahi Beer Suita Factory)

주소 1-45 Nishinosho-cho Suita-shi, Osaka-Prefecture 564-0071
전화 06-6388-1943
이용시간 09:30-15:00
휴일 월별로 다름
요금 무료(예약 필수, 외국어 안내를 원하는 경우 전화로 신청, 투어로만 진행, 개별 관람불가)
홈페이지 www.factory.asahibeer.co.jp

미국의 유니버설 스튜디오보다 큰 면적을 자랑하는 아시아 최고의 테마파크. 할리우드 에어리어부터 뉴욕, 샌프란시스코, 쥬라기공원, 애머티빌리지, 해리 포터, 유니버설 원더랜드까지 총 8개의 테마로 구성되어 있다. 아침 일찍부터 밤늦게까지 돌아봐도 다 보지 못할 정도의 규모와 시설을 자랑하기 때문에 이곳을 찾을 때는 동선을 미리 정하는 것이 좋다. 또한 매일 개장시간과 폐장시간, 어트랙션 휴무일이 달라지기 때문에 사전에 홈페이지를 통해 확실하게 확인해야 낭패를 보지 않을 수 있다. 티켓 역시 입장일이나 시간, 어떤 어트랙션을 몇 가지나 이용할지에 따라 나뉜다.

맥주를 좋아하는 사람이라면 두 말이 필요 없는 장소이다. 아사히 맥주가 만들어지는 과정과 맥주에 대한 정보를 재미있게 설명해준다. 더불어 아사히 공장에서 신선한 맥주 3잔을 무료로 시음해 볼 수 있다. 단 30분 안에 마셔야 하므로 취할 수도 있다는 사실을 잊지 말자. 무료로 공장 견학부터 맥주 시음까지 가능하니, 맥주를 좋아한다면 최고의 여행지가 될 것이다. 이외에도 교토에는 산토리 맥주 공장이 있다. 이곳 또한 무료 견학과 시음이 가능하니 일정에 맞게, 자신의 맥주 스타일에 맞게 여행지를 선택해 보는 것도 좋다.

4 아베노 방재센터
(Abeno Life Safety Learning Center)

주소 3-13-23 Abenosuji, Abeno-ku,
　　　Osaka-shi, Osaka-fu 545-0052
전화 06-6643-1031
이용시간 10:00-18:00
휴일 수요일, 매월 마지막 목요일(공휴일이면
　　　다음날 휴관), 12월 28일-1월 4일
요금 무료(체험 예약 필수, 투어로만 진행,
　　　개별 관람불가)
홈페이지 www.abeno-bosai-c.city.
　　　osaka.jp

5 교토 칸슌도 화과자 체험
(Kanshundo)

주소 Kyoto Shi Higashiyama Ward
　　　Kawabata Front Higashi entrance
　　　Chayamachi 511-1
전화 075-561-1318(기요미즈데라 점)
이용시간 09:00-18:00
휴일 1월 1일
요금 2,160¥(화과자 3종 + 맛차)
홈페이지 www.kanshundo.co.jp

일본은 이미 오래전부터 지진을 경험하면서 이에 대한 대비책을 세워둔 나라이다. 우리나라도 지진에 안전하지 않다는 사실을 모든 국민이 느끼게 되었다. 따라서 갑자기 땅이 흔들렸을 때 어떻게 해야 하는지 미리 알아두는 것도 도움이 된다. 실제 상황처럼 지진을 느껴보고 그 순간에 어떤 대처를 해야 하는지 살펴보는 것도 색다른 경험이 될 것이다. 아베노 방재센터에서는 진도 7의 지진이 발생했을 때의 상황을 4가지 코스로 체험할 수 있다. 재난 상황에서의 위기 대처 방법이나 소화기 사용법 등도 익힐 수 있다.

1865년 창업한 이후 6대에 걸쳐 이어지며 전통과 역사를 자랑하는 교토의 화과자 전문점 칸슌도. 이곳은 특히 교토식 화과자인 교가시로 유명하다. 화과자는 눈으로 먹은 다음 입으로 먹는다는 말이 있을 정도로 시각적 즐거움을 만족시켜주는 음식이다. 특히 칸슌도의 화과자는 제철 재료를 이용해 더욱 특별한 맛과 향을 가지고 있다. 교토 여행 중에 직접 화과자를 만들어 맛을 즐겨보는 것도 새로운 경험이 될 만하다. 일본어와 영어로 동시에 강의가 진행되며 계절별로 다른 화과자를 만든다. 칸슌도 화과자 체험은 두 개의 매장에서 진행하니, 예약한 매장이 어느 지점인지 챙기는 것도 잊지 말자.

DATE _____

Today's Plan

Expenses Record		card ■ cash ☐
	☐	☐
	☐	☐
	☐	☐
	☐	☐
	☐	☐
	☐	☐
	☐	☐

DATE _____

Today's Plan

Expenses Record		card ■ cash ☐
	☐	☐
	☐	☐
	☐	☐
	☐	☐
	☐	☐
	☐	☐
	☐	☐

DATE _____

Today's Plan

Expenses Record		card ■ cash ☐
	☐	☐
	☐	☐
	☐	☐
	☐	☐
	☐	☐
	☐	☐
	☐	☐

DATE _____

Today's Plan

Expenses Record		card ■ cash ☐
	☐	☐
	☐	☐
	☐	☐
	☐	☐
	☐	☐
	☐	☐
	☐	☐

DATE _____

Today's Plan

Expenses Record		card ■ cash ☐
	☐	☐
	☐	☐
	☐	☐
	☐	☐
	☐	☐
	☐	☐
	☐	☐

DATE _____

Today's Plan

Expenses Record		card ■ cash ☐
	☐	☐
	☐	☐
	☐	☐
	☐	☐
	☐	☐
	☐	☐
	☐	☐

PART
3

TASTE

도시 전체가 맛집인,
오사카&교토 식도락 여행

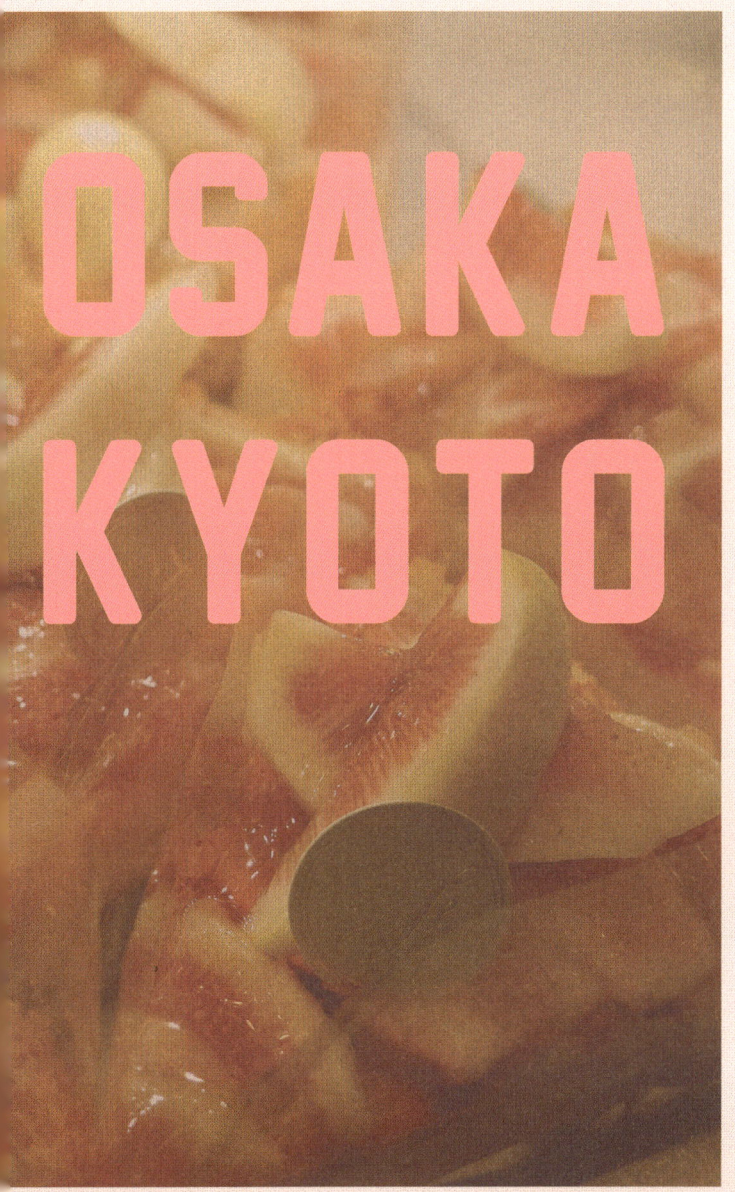

OSAKA
KYOTO

먹어도 먹어도
먹거리가
남아있는 곳

TASTE

● 오사카와 교토는 먹고 싶은 모든 음식을 가장 맛있게 먹을 수 있는 여행지라고 하기에 충분하다. 섬나라이기 때문에 특히 해산물이 풍부하고 계절에 따라 각기 다른 제철 음식을 맛볼 수 있다. 우리나라에서 음식을 잘하는 지역으로 전라도를 꼽듯이, 일본에서는 솜씨가 좋은 지역으로 간사이를 꼽는다. 그러니 간사이 지방에서 가장 큰 도시 중 하나인 오사카에 맛있는 음식이 많은 것도 당연하다. 교토 역시 오래전부터 왕실과 귀족들이 살던 도시이기 때문에 귀한 재료를 활용한 요리가 많다. 따라서 오사카와는 또 다른 교토만의 음식을 맛보는 경험도 가능하다.

　라면, 우동, 소바, 초밥, 오코노미야키, 쿠시카츠, 카레, 오므라이스, 가정식 요리 오반자이, 돈부리, 수많은 종류의 디저트까지 일본의 음식들을 하나씩 나열하면 끝이 없다. 또 어느 곳을 가도 기본 이상의 맛을 자랑하기 때문에 오사카와 교토를 여행하면서 음식 때문에 기분 나빠질 일은 거의 없다. 이뿐 아니라 편의점에서 판매하는 음식과 기차역의 도시락까지 뛰어난 맛을 자랑하기 때문에 여행자들은 늘 행복한 비명을

지르게 된다. 다만 우리 입맛에 조금 짤 수 있으니, 간장이나 다른 양념을 넣기 전에 음식 맛을 한번 보는 것이 좋다.

   음식은 여행의 만족도를 결정하는 가장 큰 요인 중 하나이다. 그만큼 맛있는 음식을 많이 먹는 여행이 만족도가 높다. 더불어 여행은 일상적이지 않은 경험을 하기 위한 시간이다. 맛에서도 지금까지 늘 먹던 음식이 아니라 새로운 맛과 형태, 종류를 가진 음식들을 경험할 기회이다. 따라서 최대한 많은 음식을 즐겨보는 것이 풍성한 여행을 완성하는 데 도움이 된다. 오사카와 교토는 맛은 있지만, 양이 적은 음식들이 대부분이라 다양하게 먹으며 식도락 여행을 계획하는 이들에게 안성맞춤이다.

¹ 홋쿄쿠세이
(Hokkyokusei)

주소 550-0014 3-5-5 Kitahorie Nishi-ku, Osaka-shi
전화 06-6531-0453
영업시간 11:00-22:00(일요일, 공휴일 11:00-21:30)
휴일 화요일, 12월 31일-1월 1일
홈페이지 www.hokkyokusei.jp

일본식 오므라이스를 먹을 수 있는 곳이다. 밖에는 일본식 정원이 있고, 신발을 벗고 식당에 들어가면 좌식 테이블이 있다. 오므라이스를 파는 곳의 분위기는 아니다. 정말 일본에 왔구나 하는 기분이 드는 인테리어가 눈길을 사로잡는다. 오므라이스 위에 올라가는 토핑이 다양해 취향에 따라 고르면 되는데 새우튀김(에비 프라이)이 올라간 오므라이스가 가장 인기 있다.

³ 타코우메
(Takoume)

주소 1 Chome-1-8 Dotonbori,
　　　Chuo, Osaka, 542-0071
전화 06-6211-6201
영업시간 17:00-22:30

² 킨류라멘
(Kinryu Ramen)

주소 1 Chome-7-26, Dotonbori, Choo,
　　　Osaka-shi, Osaka-fu 542-0071
전화 06-6211-3999
영업시간 24시간 영업

늦게까지 쇼핑을 즐기고 나서 허기진 배를 채우기 좋은 곳이다. 빼어난 맛은 아니지만 일본 라멘에 김치와 밥을 무제한으로 곁들일 수 있고, 24시간 영업이라는 점이 매력적이다. 이치란과 더불어 오사카 라멘 맛집으로 정평이 나 있다. 늦은 시간까지 여유 부리며 맥주와 함께 먹는 라멘은 진리라고 생각하게 될 것이다.

170여 년 동안 오사카를 지키고 있는 어묵집으로 오사카 사람이라면 이곳을 모르는 사람이 없을 정도이다. 이른 저녁부터 현지인으로 가득해 자리 잡기가 어려우니 일찍 가자. 이곳 바에 앉으면 한국말을 곧잘 하는 주인아저씨가 친근하게 말을 걸어온다. 먹고 싶은 메뉴를 골라 그때마다 시키면 플라스틱으로 된 동전 같은 것을 앞에 쌓아주는데, 그 역시 역사가 묻어난다. 모든 종류의 어묵이 다 맛있지만 의외로 이곳의 자랑은 무다. 적절하게 간이 밴 말랑한 무는 '한 번도 안 먹은 사람은 있어도 한 번만 먹은 사람은 없다'라고 할 정도로 기가 막힌 맛이다.

4 히사고
(Hisago)

주소 Kyoto-fu, Kyoto-shi, Higashiyama-ku, Shimokawara-cho 484
전화 075-561-2109
영업시간 11:30-19:30

문을 연 지 70년 이상 된 식당. 단바 지역의 토종닭으로 만드는 장인 정신의 오야꼬동을 만날 수 있는 곳이다. 교토의 골목 안에 자리한 소박한 식당이지만, 사람의 발길이 끊기지 않을 만큼 독보적인 맛을 자랑한다. 부드러운 달걀에 닭고기와 짭짜름한 소스, 밥의 어우러짐이 남달라 교토에 갔다면 한 번쯤 맛봐도 좋은 음식이다.

5 히로카와
(Hirokawa)

주소 44-1 Sagatenryuji Kitatsukurim-icho, Ukyo-ku, Kyoto 616-8374
전화 075-871-5226
영업시간 11:30-14:30, 17:00-20:00
홈페이지 www.unagi-hirokawa.jp

50년 역사를 가진, 미슐랭도 인정한 음식점이다. 2층 창가 자리에 앉으면 덴류지가 바로 눈앞에 보인다. 이곳은 예약하지 않으면 오랫동안 줄을 서야만 먹을 수 있을 정도로 아주 인기가 많은 곳. 달짝지근한 간장 소스가 발린 장어구이를 밥에 올려주는 도시락 형태로, 맥주와 곁들이면 그 맛을 평생 잊을 수 없다. 인생 장어를 맛보고 싶다면 히로카와로 향하자.

DATE _____

Today's Plan

Expenses Record		card ■ cash □
	□	□
	□	□
	□	□
	□	□
	□	□
	□	□
	□	□

DATE _____

Today's Plan

Expenses Record		card ■ cash ☐
	☐	☐
	☐	☐
	☐	☐
	☐	☐
	☐	☐
	☐	☐
	☐	☐

DATE _____

Today's Plan

Expenses Record		card ■ cash ☐
	☐	☐
	☐	☐
	☐	☐
	☐	☐
	☐	☐
	☐	☐
	☐	☐

DATE

Today's Plan

Expenses Record		card ■ cash ☐
	☐	☐
	☐	☐
	☐	☐
	☐	☐
	☐	☐
	☐	☐
	☐	☐

DATE _____

Today's Plan

Expenses Record		card ■ cash ☐
	☐	☐
	☐	☐
	☐	☐
	☐	☐
	☐	☐
	☐	☐
	☐	☐

DATE

Today's Plan

Expenses Record		card ■ cash ☐
	☐	☐
	☐	☐
	☐	☐
	☐	☐
	☐	☐
	☐	☐
	☐	☐

PART
4

SHOP-
PING

백화점부터 슈퍼마켓까지
쉴 새 없는,
오사카&교토 쇼핑 여행

PART 4 / ESSAY

무엇을 원하던
그 이상의
쇼핑 천국

SHOPPING

● 오사카와 교토를 여행하면서 '오늘 뭐 먹지?' 다음으로 가장 많이 하는 생각이 '이거 사고 싶다'일 것이다. 그만큼 오사카와 교토는 사고 싶은 물건이 많아도 너무 많은 도시이다. 특히 오사카에 본점을 둔 3대 백화점 타카시마야, 다이마루, 한큐 백화점은 각기 다른 매력으로 관광객을 유혹한다. 타카시마야는 없는 게 없을 정도로 다양한 상품 구성을 자랑하고, 다이마루는 세계적인 베이커리와 희귀한 식재료로 가득한 식품 매장이 최고이다. 한큐는 대부분의 로컬 브랜드들이 입점해 있어 오사카만의 특색 있는 제품을 원한다면 반드시 가야 할 곳이다.

백화점만 매력적인 것이 아니다. 원하는 쇼핑 리스트에 따라 가야 하는 스트리트 역시 다르다. 오사카 패션 피플들의 아지트 아메리카무라, 오사카 쇼핑의 1번지 신사이바시스지, 일본 장난감이 한자리에 모여있는 맛챠마치스지도 놓치기 아깝다. 반대로 오랜 역사를 자랑하는 쿠로몬 시장, 니시키 시장은 오사카 사람들의 리얼 라이프를 경험할 수 있는 공간이다. 오사카 사람들이 어떤 음식을 먹고 어떤 것들을 좋아하는지 알고 싶다면, 시장보다 좋은 곳은 없다. 오사카와 교토에서 열리는 벼룩시장을 찾아가면 단순히 식문화 외에도 그들의 라이프 스타일까지 한눈에 볼 수 있다.

화장품이나 생활용품을 좋아하는 이들에게도 오사카와 교토는 천국이다. 우선 수많은 드러그 스토어가 반겨준다. 화장품부터 의약품, 생활필수품까지 다양한 아이템들을 판매하고 있다. 슈퍼마켓에는 한국에서 쉽게 볼 수 없는 새로운 식재료나 소스, 제품들이 가득하다. 도큐핸즈, 무지, 이케아, 로프트 등 인테리어 소품이나 생활용품을 판매하는 매장들에서도 쉽게 눈을 돌릴 수 없다. 같은 브랜드이지만 국내에 들어오지 않은 제품들이 많기 때문이다.

이처럼 오사카와 교토는 무엇을 원하던 그 이상의 쇼핑이 가능한 도시이다. 세계 3대 패션 도시라는 도쿄와 비교해도 절대 뒤지지 않는다. 더욱이 오사카와 교토가 위치한 간사이 지방 특유의 제품까지 더해져 새로운 쇼핑 리스트를 완성할 수 있는 곳이기도 하다. 단 비교적 짧은 여행 일정 중 쇼핑에 너무 많은 시간을 할애할 수 없으니 원하는 리스트에 맞게 동선을 잘 짜는 센스가 필요하다. 그렇지 않으면 봐야 할 곳이 너무 많아 한 곳도 제대로 보지 못하는 불상사가 일어날 수도 있다.

> **+ 보너스 팁**
>
> 오사카는 대도시다 보니 일본 다른 지역과 쇼핑 목록이 비슷하지만 교토는 아직 교토에서만 살 수 있는 특별한 물품이 있다. 교토의 대표 브랜드인 요지야. 화장품 행상을 하던 구니에다 시게오가 화장을 짙게 하는 연예인, 가부키 배우 등이 땀 때문에 두꺼운 화장이 지워진다고 불평하는 것을 듣고 기름종이를 개발한 것이 브랜드의 시초가 됐다. 아직까지 요지야의 기름종이는 여자들 사이에서 힙한 아이템이다. 유자 립밤도 교토다운 제품이라 하나쯤 구입해도 좋다. 또 루피시아에서는 교토에서만 살 수 있는 한정 찻잎이 대기 중이니, 교토만의 추억을 차 한 잔으로 오래 간직하고 싶다면 꼭 구매하자.

¹ 케이분샤
(Keibunsha)

주소 1006-8184 Sakyo Ward, Sakyo-ku, Ichijo-ji Temple 10
전화 075-711-5919
이용시간 10:00-21:00
홈페이지 www.keibunsha-books.com

일본의 가장 아름다운 서점이자 세계적으로도 아름다운 서점에 이름을 올린 교토의 케이분샤. 최근 국내에 많이 생겨나고 있는 동네 서점 중 이곳을 모티프로 한 곳들도 많다. 기본적으로 다양한 서적을 판매하고 있으며, 독립출판물도 있다. 책 이외에 문구, 디자이너 제품 등도 있으니 구경하는 재미를 느낄 수 있다. 특히 케이분샤 문구류는 탐나는 제품들이 많아 마음을 금세 빼앗길 것이다. 서점을 둘러본 후 옆 카페에 앉아 한적한 시간을 즐겨보는 것도 좋다. 이 공간에 있는 것만으로도 과거의 교토로 시간여행을 떠난 느낌이 들 것이다.

² 에비스바시스지
(Ebisubashi-suji Shopping Street)

주소 542-0076 Namba Chuo-ku Osaka
홈페이지 www.ebisubashi.or.jp

³ 니시키 시장
(Nishiki Market)

주소 Kyoto, Nakagyo-ku, Tominokoji-dori Shijyo-agaru Nishi-Daimon-ji-cho 609, 604-8054
전화 075-211-3882
이용시간 09:30-18:00
휴일 연말연시(상점마다 다름)
홈페이지 www.kyoto-nishiki.or.jp

에비스바시스지는 일본식 아케이드 상점가이다. 드러그 스토어, 액세서리 상점, 의류 상점, 영화관, 레스토랑까지 다양한 분야의 숍들이 줄지어 있다. 이 숍들은 짧게는 60년, 길게는 150년의 역사를 자랑하며 여전히 이곳 에비스바시스지에 자리를 지키고 있다. 사람이 많지만, 아케이드의 분위기는 전통적이고 차분하다. 이곳에서 특히 유명한 것은 보세 상품들. 다양한 디자인과 특색을 갖춘 보세 상품들을 저렴한 가격에 구입할 수 있다.

니시키 시장은 400년간 교토의 맛을 지켜온 교토의 부엌이라고 소개된다. 그만큼 오랜 전통을 자랑하는 동시에 교토 사람들 실생활에 밀접하게 관계된 장소이기도 하다. 390m에 이르는 시장에는 교토에서만 구할 수 있는 식재료를 파는 식료품점, 냉장고가 없던 시기부터 고기를 팔던 상점 등 볼거리가 다양하다. 수많은 음식 가게들도 있는데, 시식 코너를 운영하고 있는 곳들이 많아 교토의 평범한 음식들을 한 입 먹어보는 것만으로도 시장 구경의 재미가 상당하다. 재미난 간판도 니시키 시장만의 매력. 단 오후 늦은 시간에 가면 이미 문을 닫은 상점들이 많으니 되도록 오전에 방문하자.

⁴ 로프트
(Loft)

주소 Osaka prefecture Osaka city Kita-ku Chayamachi 16-7 (우메다점)
전화 06-6359-0111(우메다점)
이용시간 10:30-21:00
홈페이지 www.loft.co.jp

⁵ 한큐 백화점
(Hankyu Department Store)

주소 8-7 Kakuda-cho, Kita-ku, Osaka 530-8350
전화 06-6361-1381
이용시간 일요일-목요일 10:00-20:00, 금요일-토요일 10:00-21:00, 12-13층 11:00-22:00
홈페이지 www.hankyu-dept.co.jp

로프트는 인테리어 잡화 전문 매장이다. 인테리어 제품 중에서도 특히 싱글을 위한 제품, 실용성을 강조한 제품들이 많다. 아기자기한 디자인을 좋아한다면 이곳에서 빈손으로 나오는 것이 불가능할 정도. 또한, 기발한 아이디어가 돋보이는 제품들도 많아 꼭 구매를 하지 않아도 재미있는 시간을 보낼 수 있다. 우메다 지점 외에 교토점과 난바점이 있으니 일정에 맞춰 한 번쯤 들려 보길 권한다.

우메다 역에 인접한 한큐 백화점 본점은 80년 역사를 자랑하는 곳으로 수많은 로컬 브랜드는 물론, 명품 브랜드들이 입점해 있는 오사카 대표 백화점이다. 그렇기 때문에 패션에 관심이 높은 2030에 특히 인기가 좋다. 또한 2층에 위치한 화장품 매장은 오사카의 어느 곳보다 다양한 제품과 브랜드가 입점해 있어 가볼 만한 이유가 충분하다. 또 하나의 팁은 독특한 디자인의 우산이나 소품을 구매할 수 있다는 사실. 간단한 선물로 활용하기 좋다. 지하 1층 해외여행 고객 서비스 센터에 여권을 가져가면 5% 할인쿠폰도 받을 수 있으니 한큐 백화점에서 물건 구매 시 유용하게 활용하자.

DATE _____

Today's Plan

Expenses Record		card ■ cash ☐
	☐	☐
	☐	☐
	☐	☐
	☐	☐
	☐	☐
	☐	☐
	☐	☐

DATE _____

Today's Plan

Expenses Record		card ■ cash ☐
	☐	☐
	☐	☐
	☐	☐
	☐	☐
	☐	☐
	☐	☐
	☐	☐

DATE _____

Today's Plan

Expenses Record		card ■ cash □
	□	□
	□	□
	□	□
	□	□
	□	□
	□	□
	□	□

DATE _____

Today's Plan

Expenses Record		card ■ cash ☐
	☐	☐
	☐	☐
	☐	☐
	☐	☐
	☐	☐
	☐	☐
	☐	☐

DATE

Today's Plan

Expenses Record		card ■ cash ☐
	☐	☐
	☐	☐
	☐	☐
	☐	☐
	☐	☐
	☐	☐
	☐	☐

DATE

Today's Plan

Expenses Record		card ■ cash ☐
	☐	☐
	☐	☐
	☐	☐
	☐	☐
	☐	☐
	☐	☐
	☐	☐

PART
5

은은한 불빛이 반짝이는,
오사카&교토 야경 여행

PART 5 / ESSAY

밤의 보석을
직접 만나는 시간

NIGHT

● 오사카&교토 여행의 빼놓을 수 없는 키워드 중 하나가 야경이다. 홍콩처럼 현란한 레이저 쇼를 하는 것도 아니고 뉴욕처럼 눈이 부실 정도로 반짝이는 것도 아니지만, 오사카와 교토의 야경은 사람의 마음을 차분하게 만들어주는 힘이 있다. 바라보고 있으면 주변은 고요해지고 오로지 나와 풍경만 남는 느낌이다. 그래서 오사카의 야경은 은은한 빛을 내는 보석과 닮아있다.

멀리서 도시 전체를 바라볼 때의 느낌과 어두운 밤거리로 내려갔을 때의 느낌도 확연히 차이가 난다. 어둠이 내린 오사카와 교토의 밤거리로 들어가면 왁자지껄한 삶의 기운이 넘친다. 일과를 마친 샐러리맨들이 선술집에서 맥주 한잔을 기울이고, 삼삼오오 모여 도심의 밤을 즐기는 젊은이들의 에너지가 느껴진다. 이곳저곳 맛집들에서 나오는 맛있는 냄새와 어우러져 거리는 곧 삶의 중심이 된다.

오사카와 교토의 야경이 매력적인 것은 이런 두 가지 상반된 모습을 모두 가지고 있

기 때문이다. 보석처럼 은은한 빛을 내며 고요한 시간을 선물하는 동시에 조금만 가까워지면 활기찬 기운을 전해주는 오사카와 교토의 밤. 그렇기에 여행객들은 낮에는 물론이고 늦은 밤까지 잠들 수 없는 것인지도 모른다. 온전하게 밤을 느끼고 싶은 욕심에 빠르게 흐르는 시간을 잡고 싶을 때가 많으니 말이다.

오사카와 교토에서는 높은 건물에 올라 도시 전경을 마주한 후 도시 속으로 들어가는 것을 추천한다. 멀리서 빛나는 도시의 아름다움을 두 눈에 담고, 가까이에서 사랑스러운 도시의 소란한 밤을 마음에 담을 수 있을 것이다. 모르는 이와 친구가 되거나 함께 여행하고 있는 이들과 마음속 이야기를 도란도란 나누게 되는 것도 당연하다. 그러다 보면 짧은 밤이 빠르게 지나가는 것이 아쉬워 또 다른 밤의 약속을 잡고 있는 자신을 보게 될 것이다.

¹ 도톤보리 거리
(Dotonbori Street)

주소 Dotonbori, Chuo, Osaka, Osaka Prefecture 542-0071
이용시간 24시간
홈페이지 www.dotonbori.or.jp

도톤보리는 오사카에서 가장 많은 사람으로 붐비는 곳이다. 에비스바시부터 도톤보리강을 따라 센니치마에도리까지 이어지는 약 500m의 길로, 오사카에서 가장 활기차고 에너지가 넘치는 곳이기도 하다. 특히 어둠이 내리면 많은 풍경과 만날 수 있다. 우선 다양한 간판들의 불이 켜지면서 어두운 강물 위로 불빛이 비쳐 로맨틱한 분위기를 완성한다. 1년 365일 달리고 있는 오사카 도톤보리의 대표적 상징물 글리코 맨은 밤에 더 빛을 내고, 반짝이는 수많은 음식점의 간판이 여행객들을 유혹한다.

도톤보리 골목 한쪽에서는 샐러리맨들이 혼자 또는 여럿이 맥주 한잔을 하며 하루를 마무리 한다. 또 한쪽에서는 수많은 길거리 음식들이 피워내는 맛있는 냄새를 느낄 수 있다. 이런 풍경들을 눈에 담으며 유람선을 타고 도톤보리강을 한 바퀴 돌아보는 것도 좋다. 몇십 개의 주점이 늘어서 있고 그 중심에 옛 정취를 느끼게 하는 호젠지 절이 있는 호젠지요코초 골목을 걷다가 마음에 드는 주점에 들어가 보는 것도 새로운 공간, 새로운 친구를 만나는 방법이다.

² WTC 코스모타워 전망대
(WTC Cosmo Tower)

주소 1 Chome 14-16 Nankokita,
       Suminoe-ku, Osaka 559-0034
전화 06-6615-6055
이용시간 11:00-22:00(월요일 휴무)
요금 700¥
홈페이지 www.wtc-cosmotower.com

사키시마 청사 전망대는 가는 길부터 로맨틱하다. 지하가 아니라 야외로 달리는 뉴트램을 타고 역에 도착해 복합 쇼핑몰을 지나면 사키시마 청사 전망대가 있다. 55층의 높이를 자랑하는 이곳은 간사이 국제공항, 바다를 가로지르는 아카시 대교와 함께 바다 풍경까지 볼 수 있다. 특히 일몰 시간에 자연이 만드는 붉은 그러데이션 풍광은 눈을 뗄 수 없다. 주유 패스를 가지고 있으면 무료로 이용할 수 있다는 것도 알아두자.

³ 아베노 하루카스 300
(Abeno Harukas 300)

주소 1 Chome 1-43 Abeno suji,
       Abeno Ward, Osaka 545-6016
전화 06-6621-0300
이용시간 09:00-22:00
요금 1,500¥
홈페이지 www.abenoharukas-300.jp

아베노 하루카스는 일본에서 가장 높은 초고층 복합빌딩으로 지상 60층, 지하 5층 규모를 자랑한다. 이 빌딩 60층에 자리한 전망대 천상화랑, 하루카스 300은 엘리베이터를 두 번 갈아타고 올라가야 도착할 수 있다. 발밑에서 천장까지 유리로 되어 있어 공중에 떠 있는 기분을 느끼기에 충분하며, 이곳에서 바라보는 오사카의 야경은 말 그대로 최고라 할 수 있다. 아베노 하루카스에는 레스토랑, 미술관, 백화점 등 다양한 볼거리도 준비되어 있기 때문에 하루를 온전히 보내기에 부족함이 없다. 오후에 가벼운 쇼핑을 즐기고 저녁 식사 후 전망대에 올라 야경을 감상하는 일정을 짜면 완벽하다.

⁴ 우메다 공중정원
(Umeda Sky Building)

주소 1 Chome-1-88 Oyodonaka,
　　　Kita-ku, Osaka-shi,
　　　Osaka-fu 531-0076
이용시간 09:30-22:30
요금 성인 1,000 ¥
홈페이지 www.kuchu-teien.com

⁵ 교토 타워
(Kyoto Tower)

주소 600-8216 Shichijo-sagaru
　　　Karasuma-dori,Shimogyo-ku,
　　　Kyoto city.
전화 075-361-3215
이용시간 09:00-21:00
요금 770¥
홈페이지 www.keihanhotels-resorts.
　　　co.jp/kyoto-tower

우메다 스카이 빌딩 전망대인 우메다 공중정원은 오사카 시내의 야경을 보기에 적격인 장소라 여행객들의 발길이 끊이지 않는 전통 야경 명소이다. 가장 번화가인 우메다 역에 자리한 40층 높이의 건물은 언제나 북적이지만, 막상 공중정원에 올라 파노라마로 감상하는 오사카 전망은 답답하지 않다. 개방형이라 바람을 즐기며 야경을 감상할 수 있다. 각종 기념일에는 이벤트도 진행해 현지인 데이트 장소로도 인기가 좋다.

교토 타워는 교토의 오늘과 과거가 만나는 교토 역 앞에 있는, 교토 유일의 타워이다. 교토에는 높은 건물이 없기 때문에 교토 타워는 어디에서나 눈에 띈다. 따라서 이곳 전망대에 오르면 교토의 사방을 한눈에 담을 수 있다. 교토라는 도시 전체의 야경을 보고 싶다면 교토 타워만 한 곳이 없다. 교토 유일한 전망대, 교토 타워. 어둠이 내린 천년 역사의 도시·교토의 조용한 불빛을 눈에 담고 싶다면 교토 타워에 올라보자.

DATE _____

Today's Plan

Expenses Record	card ■ cash ☐
☐	☐
☐	☐
☐	☐
☐	☐
☐	☐
☐	☐
☐	☐

DATE _____

Today's Plan

Expenses Record

card ■ cash ☐

	☐		☐
	☐		☐
	☐		☐
	☐		☐
	☐		☐
	☐		☐
	☐		☐

DATE

Today's Plan

Expenses Record		card ■ cash ☐
	☐	☐
	☐	☐
	☐	☐
	☐	☐
	☐	☐
	☐	☐
	☐	☐

DATE _____

Today's Plan

Expenses Record		card ■ cash ☐
	☐	☐
	☐	☐
	☐	☐
	☐	☐
	☐	☐
	☐	☐
	☐	☐

DATE _____

Today's Plan

Expenses Record		card ■ cash ☐
	☐	☐
	☐	☐
	☐	☐
	☐	☐
	☐	☐
	☐	☐
	☐	☐

DATE

Today's Plan

Expenses Record		card ■ cash ☐
	☐	☐
	☐	☐
	☐	☐
	☐	☐
	☐	☐
	☐	☐
	☐	☐

DATE _____

Today's Plan

Expenses Record		card ■ cash ☐
	☐	☐
	☐	☐
	☐	☐
	☐	☐
	☐	☐
	☐	☐
	☐	☐

DATE _____

Today's Plan

Expenses Record		card ■ cash ☐
	☐	☐
	☐	☐
	☐	☐
	☐	☐
	☐	☐
	☐	☐
	☐	☐

호텔 용어

정보제공: 호텔패스(www.hotelpass.com)

레이트 체크아웃 Late Check-out	일반적으로 호텔에서 규정하는 체크아웃 시간보다 늦게 체크아웃하는 것을 의미한다.
어메니티 Amenity	호텔에서 투숙객의 편의를 위해 객실에 무료로 준비해 놓은 각종 소모품 또는 서비스 용품. 일반적으로 욕실용품과 물 등이다.
엑스트라 차지 Extra Charge	추가 비용을 의미. 인원 추가, 조식 추가, 베드 추가 등의 상황에서 사용된다.
올 인클루시브 All Inclusive	호텔 숙박비 내에 미니 바를 포함한 모든 음식, 선택관광 서비스 요금이 포함되어 있는 형태를 말한다.
얼리 체크인 Early Check-in	기존의 호텔 체크인 시간보다 이른 시간에 체크인하는 것을 의미한다. 추가 비용이 발생하는 경우도 있다.
컨시어지 Concierge	비서처럼 개인적이고 개별적인 고객 서비스를 총괄 담당하는 관리인. 호텔 이용, 주변 교통 편이나 관광에 대한 설명과 레스토랑 추천 등 고객의 편의를 도와준다.

여행자를 위한 영어회화 _ 호텔편

예약하셨나요? Did you make a reservation?	지금 체크인할 수 있나요? Can I check in now?
체크인 시간은 몇시죠? What time is check-in?	체크인하고 싶습니다. I'd like to check in.
일찍 체크인 할 수 있나요? Can I check in early?	체크인은 어디서 합니까? Where do I check in?
어느 분 앞으로 예약되어 있습니까? Whose name is the reservation under?	제 이름으로 예약했습니다. It's in my name.
해변 쪽 방으로 주세요. I'd like a room with a seaside view, please.	짐을 방까지 가져다 주시겠어요? Could you bring my luggage up to the room?
제 짐을 올려주실 수 있으세요? Can you move up my baggage?	수건을 더 주시겠어요? Could I have more towels?
저녁까지 제 짐을 보관해 주실 수 있어요? Could you keep my luggage until this evening?	공항 가는 버스는 어디서 타요? Where do I board the bus going to the airport?

오사카&교토의 축제

오사카와 교토는 계절별로 축제가 열린다. 각 계절에 맞춰 자연이 옷을 갈아입으면 그 아름다운 모습을 함께 즐길 수 있는 축제가 열린다. 오사카와 교토 여행 계획을 세우고 있다면 계절을 고려해 보자. 평소에는 볼 수 없는 오사카와 교토의 모습을 만나는 방법이 될 것이다.

기본 축제

계절	일시 및 장소
봄 (벚꽃 축제) 봄에는 만개하는 벚꽃을 즐기는 축제들이 주로 열린다.	교토 아라시야마 벚꽃 (3월 하순 - 4월 초순)
	교토 마루야마 공원 벚꽃 (3월 하순 - 4월 초순)
	히메지 성 벚꽃 (4월 초순)
	오사카성 공원 벚꽃 (4월 초순)
여름 (오사카&교토의 대표 축제) 여름에는 오사카&교토를 대표하는 축제가 열린다. 특히 인상적인 축제 풍경은 가마 행렬이다.	기온 마츠리 (7월 16일 - 7월 17일) 교토 야사카 신사에서 열리는 축제 화려한 가마 행렬이 인상적인 일본 3대 축제 중 하나
	텐진 마츠리 (7월 24일 - 7월 25일) 학문의 신을 모시는 오사카 텐만구의 전통 축제
	스미요시 마츠리 (7월 20일 - 8월 1일) 형형색색 화려한 가마 행렬이 장관을 이루는 오사카의 여름 축제
가을 (단풍 축제) 오사카와 교토가 단풍잎으로 온통 붉게 물드는 가을에는 단풍 축제가 열린다.	기요미즈데라 단풍 (11월 하순 - 12월 초순)
	교토 철학의 길 단풍 (11월 하순 - 12월 초순)
	교토 에이칸도 단풍 (11월 하순 - 12월 초순)
겨울 (등불 축제) 우리나라보다 추운 겨울에는 오사카와 교토를 비롯해 일본 전역이 등불로 빛난다.	오케라마이리 (12월 31일) 교토 야사카 신사에서 열리는 축제로, 새해를 맞이하는 일본의 대표적인 축제이다.

CONTACT LIST
주요 연락처

- 주 오사카 대한민국 총 영사관 -

http://jpn-osaka.mofa.go.kr
☎ 06-6213-1401~5
2-3-4, Nishi-sinsaibashi, Chuo-ku,
Osaka, Japan

근무시간외 비상연락처 (평일 17:30 이후)
당직 직원 : 090-3050-0746
당직 영사 : 090-5676-5340

- 영사 콜센터 -

+ 휴대폰 자동로밍일 경우

현지 입국과 동시에 자동으로 수신되는 영사 콜센터
안내문자로 발송되는 +82-2-3210-0404로 연결

+ 유선전화, 휴대폰 이용할 경우
유료연결 : 현지국제전화코드 + 82-2-3210-0404

PERSONAL CONTACT LIST
개인 비상 연락망

Coupon
두근두근 여행
다이어리 북 시리즈에서
준비한 특별 여행선물

YOLO PROJECT
두근두근 **여행 다이어리 북**
×
DOOTA
DUTY FREE

1. 두타인터넷면세점 **30,000원 적립금**

- 적립금 코드 7SOI1VRVWK
- 유효 기간 다운로드 일로부터 3개월까지

<사용방법>
① 두타인터넷면세점 로그인(www.dootadutyfree.com) * 비회원의 경우 신규가입 필요
② 마이페이지 > 적립금 클릭   ③ "적립금 등록하기"란에 "적립금 코드 10자리" 입력

2. 두타면세점 **10,000원 할인권** ($50 이상 결제 시 즉시 할인)

- 사용처 동대문 본점
- 인당 1회 사용 가능

5 1 1 6 0 0 0 0 0 0 3 6 4 5

3. 두타면세점 **30,000원 할인권** ($100 이상 결제 시 즉시 할인)

- 사용처 동대문 본점
- 인당 1회 사용 가능

5 1 1 6 0 0 0 0 0 0 3 6 4 6

4. 두타몰 F&B **3,000원 바우처 교환권**

- 교환 장소 두타몰 4F 멤버십 데스크
- 1인 1회 교환 가능
- 바우처 교환 후 두타몰 F&B(식음) 매장에서 사용하실 수 있습니다.
- 두타몰 4F 멤버십 데스크 교환 시간 AM10:30~PM9:00(월~일)

5. 두타몰 멤버십 가입 시 최대 **5,000 포인트**

- 대상 두타몰 멤버십 신규가입 고객
- 혜택 신규 가입 즉시 최대 5,000포인트 지급

YOLO PROJECT
두근두근 **여행 다이어리 북**
×
1등 글로벌 호텔예약

HOTELPASS.com

해외 호텔 **7% 할인** or 일본 1박 **700¥ 할인**

- 쿠폰 번호 YPPASS77   • 쿠폰 등록 기간 2020년 12월 31일까지
- 쿠폰 사용 기간 홈페이지 등록 후 발급일로부터 1년

<사용방법>
① 호텔패스 로그인 > 마이 페이지 > 쿠폰 조회 > 쿠폰 등록 > 쿠폰 발급 완료

<사용 안내>
- 본 적립금은 기간 내 ID 당 1회 발급 가능합니다.
- 본 적립금은 결제금액의 최대 30%까지 사용 가능합니다.
- 본 적립금은 당사 사정에 따라 변경, 조기 종료될 수 있습니다.
- 브랜드별 적립금 사용률은 상이할 수 있으며,
  일부 브랜드의 경우 적립금 사용이 제한될 수 있습니다.

<사용 안내>
- 본 할인권은 동대문 본점에서 1인 1회 사용 가능합니다.
- 본 할인권은 일부 브랜드 및 30% 이상 할인 제품은 제외될 수 있습니다.
- 본 할인권은 내국인(한국인) 전용으로 타 할인 쿠폰과 중복 할인되지 않습니다.
- 본 할인권의 사용 잔액은 환불되지 않으며 반품 시 재발급되지 않습니다.
- 본 할인권은 당사 사정에 따라 사용이 제한, 변경될 수 있습니다.
- 본 할인권은 당사 사정에 따라 변경, 조기 종료될 수 있습니다.

주소 서울특별시 중구 장충단로 275 두산타워 7F~13F
영업시간 AM10:30~PM11:00(연중 무휴) **대표 번호** 1833-8800
홈페이지 www.dootadutyfree.com

<사용 안내>
- 본 할인권은 동대문 본점에서 1인 1회 사용 가능합니다.
- 본 할인권은 일부 브랜드 및 30% 이상 할인 제품은 제외될 수 있습니다.
- 본 할인권은 내국인(한국인) 전용으로 타 할인 쿠폰과 중복 할인되지 않습니다.
- 본 할인권의 사용 잔액은 환불되지 않으며 반품 시 재발급되지 않습니다.
- 본 할인권은 당사 사정에 따라 사용이 제한, 변경될 수 있습니다.
- 본 할인권은 당사 사정에 따라 변경, 조기 종료될 수 있습니다.

주소 서울특별시 중구 장충단로 275 두산타워 7F~13F
영업시간 AM10:30~PM11:00(연중 무휴) **대표 번호** 1833-8800
홈페이지 www.dootadutyfree.com

<사용 안내>
- 교환하신 바우처는 일부 식음 매장에서는 사용이 제한될 수 있습니다.
- 멤버십 회원을 대상으로 제공합니다(비회원의 경우, 신규 가입 필요).
- 본 교환권은 당사 사정에 따라 변경, 조기 종료될 수 있습니다.

두타몰 주소 서울특별시 중구 장충단로 275 두산타워 1F~6F
두타몰 영업시간 AM10:30~AM05:00(월~토), AM10:30~AM00:00(일)
대표 번호 02-3398-3115

<사용 안내>
- 신규 회원 가입 시 3,000 포인트는 즉시 사용 가능합니다,
  마케팅 활용 동의 2,000 포인트는 익일부터 사용 가능합니다.
- 결제 시 일부 매장 및 상품의 경우, 포인트 적립 및 사용이 제외될 수 있습니다.
- 본 멤버십 가입 혜택은 당사 사정에 따라 변경, 조기 종료될 수 있습니다.

두타몰 주소 서울특별시 중구 장충단로 275 두산타워 1F~6F
두타몰 영업시간 AM10:30~AM05:00(월~토), AM10:30~AM00:00(일)
대표 번호 02-3398-3115

<사용 시 유의사항>
- 일부 요금은 적용이 불가능할 수 있습니다.
- 다른 쿠폰과 중복 사용이 불가능합니다.
- 호텔패스 포인트와 함께 사용하실 수 있습니다.

Coupon
두근두근 여행
다이어리 북 시리즈에서
준비한 특별 여행선물

YOLO PROJECT
두근두근 여행 다이어리 북
×

해외 렌터카 예약 시 **10% 할인**

CDP NO 2138455

<사용방법>
- Hertz 홈페이지 > 예약 > CDP 번호 입력 > 10% 할인
- Hertz 해외 예약센터 > 예약 > CDP 적용 요청 > 10% 할인

<사용 시 유의사항>
- 본 CDP 번호의 할인은 사전 예약 시 적용되는 할인요금에 추가로 적용됩니다.
- 예약은 출국 24시간 이전까지 완료되어야 합니다.
(아시아 지역은 48시간 이전)
- 일부 국가, 영업소, 차량에 대해 할인 적용이 제한될 수 있습니다.
- Hertz의 기본 임차 자격 및 이용규정과 지역별 임차 기간 및 반납규정, 예약 요금제별 규정이 적용됩니다.
- 해당 할인코드는 사전 예고 없이 변경 혹은 취소될 수 있습니다.

<Hertz 예약>
- 온라인 예약: www.hertz.co.kr
- 해외 예약센터: 1600-2288
(영업시간: 월-금 09:00-18:00 / 주말 공휴일 휴무)

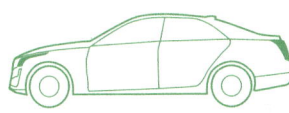

★ 허츠 골드회원 혜택 ★

허츠 홈페이지를 통해 회원 가입을 하면, 허츠에서 제공하는 다양한 회원 혜택을 받을 수 있다.(회원 가입 무료)

① 골드회원 전용 할인 혜택
회원 등록 시 기입된 이메일을 통해 특별 할인정보를 제공한다. 또한 사이트 로그인 시, 비회원이 볼 수 없는 [회원전용] 프로모션 혜택도 받을 수 있으며 기본 프로모션 때도 비회원보다 높은 할인율을 제공받을 수 있다. 배우자 추가 운전자 등록 무료, 아동용 카시트 요금할인 혜택도 제공된다.

② 신속한 임차 서비스
임차 계약서 작성 등의 과정 없이 회원전용구역에서 바로 차량 픽업이 가능한 혜택이다. 예약시간에 맞춰 영업소에 방문하여 사무실 앞 전광판에서 본인 이름과 차량이 대기되어 있는 주차장 번호를 확인하면 완료. 전광판이 없는 영업소는 Gold Booth 또는 Gold Counter에서 수속하면 된다.

③ 골드 초이스
내가 예약한 차량 등급 내에서 선호하는 차량을 직접 선택할 수 있다. 미국 및 유럽의 주요 공항에서 서비스 이용이 가능하다.

④ 얼티메이트 초이스를 이용한 업그레이드 혜택!
하루 당 35$ 추가 요금으로 Premium Upgrade 구역에 있는 Hertz Collection의 최고급 차량(인피니티 Q50, 아우디 A3, 벤츠 CLA250)으로 업그레이드가 가능하다. Platinum 또는 President's Circle 회원은 25$로 이용 가능하며, President's Circle 회원은 Compact 차량 예약 시 Midsize로 무료 업그레이드 또한 가능하다. 현재 미국 주요 영업소에서 이용할 수 있으며, 점차 확대할 예정이다.
#개이득 #올해_론칭한_서비스!

⑤ 포인트 프로그램
전 세계 150여 나라, 9,700개의 영업소를 운영하고 있기 때문에 어디를 여행해도 허츠를 이용할 수 있다. 이때 회원 포인트를 적립하고, 적립된 포인트를 이용하여 무료 임차 서비스를 받을 수 있다. 단, 포인트 적립이 가능한 영업소여야 한다.

⑥ 회원 등급 프로그램 서비스
회원 등급이 높아지면 높아질수록 포인트 적립, 차량 업그레이드 등 다양한 혜택이 증가된다.

KI신서 7251

OSAKA KYOTO
두근두근 **오사카&교토**

1판 1쇄 인쇄 2017년 11월 27일
1판 1쇄 발행 2017년 12월 15일

펴낸이 김영곤
펴낸곳 (주)북이십일 21세기북스

실용출판팀장 김수연 **책임편집** 이보람
진행 김유정
디자인 elephantswimming
사진 김유정, 일본관광청
출판영업팀 이경희 이은혜 권오권
출판마케팅팀 김홍선 최성환 배상현 신혜진 김선영 나은경
홍보팀 이혜연 최수아 김미임 박혜림 문소라 전효은 백세희 김세영
제작팀장 이영민

출판등록 2000년 5월 6일 제406-2003-061호
주소 (10881) 경기도 파주시 회동길 201 (문발동)
대표전화 031-955-2100 **팩스** 031-955-2151 **이메일** book21@book21.co.kr

(주)북이십일 경계를 허무는 콘텐츠 리더

21세기북스 채널에서 도서 정보와 다양한 영상자료, 이벤트를 만나세요!
장강명, 요조가 진행하는 팟캐스트 말랑한 책수다 <책, 이게 뭐라고>
페이스북 facebook.com/21cbooks 블로그 b.book21.com
인스타그램 instagram.com/21cbooks 홈페이지 www.book21.com

ⓒ 북이십일 21세기북스

ISBN 978-89-509-7298-1 13980

· 책값은 뒤표지에 있습니다.
· 이 책 내용의 일부 또는 전부를 재사용하려면 반드시 (주)북이십일의 동의를 얻어야 합니다.
· 잘못 만들어진 책은 구입하신 서점에서 교환해드립니다.